Ezequiel Martínez Estrada

Correspondencia con Horacio Quiroga

Edición de Oscar Rodríguez Ortiz

Barcelona **2023**
linkgua-digital.com

Créditos

Título original: Correspondencia con Horacio Quiroga.

© 2023, Red ediciones S.L.

e-mail: info@linkgua.com

Diseño de cubierta: Michel Mallard.

ISBN rústica: 978-84-9007-882-2.
ISBN ebook: 978-84-9007-580-7.

Sumario

Brevísima presentación

La vida

Ezequiel Martínez Estrada nació en San José de la Esquina, provincia de Santa Fe, el 14 de septiembre de 1895, y murió en Bahía Blanca (Argentina) el 4 de noviembre de 1964.

Fue escritor, poeta, ensayista, crítico literario, biógrafo y docente universitario. Forjó su pensamiento a partir de la lectura de Sigmund Freud, George Simmel y Oswald Spengler, entre otros. Fue crucial en sus ideas la obra de Keyserling, especialmente en sus convicciones telúricas y deterministas, según la cual la geografía es un factor esencial en la formación de la personalidad humana.

Se inició en el campo literario como poeta, con la publicación de *Oro y piedra* (1918), *Nefelibal* (1922), *Motivos del cielo* (1924), *Argentina* (1927) y *Humoresca* (1929), de clara influencia modernista.

En 1946 comenzó a colaborar con la *Revista Sur*, dirigida por Victoria Ocampo. En esa década, publicó obras de teatro, cuentos y novelas cortas.

En 1945 abandonó los cargos públicos por su rotunda oposición al gobierno de Juan Domingo Perón. Luego de una enfermedad que lo mantuvo postrado entre 1950 y 1955 retomó la escritura con *Coplas del ciego* (1959), un conjunto de aforismos; ese año viajó a México, donde se dedicó a la enseñanza, y en 1960 marchó a Cuba. Allí permaneció un año trabajando en una monumental obra sobre José Martí.

Otras obras narrativas de este autor son *Tres cuentos sin amor* y *Sábado de gloria* (ambas de 1956), *Examen sin conciencia* (1956), *La tos y otros entretenimientos* (1957). Entre sus ensayos figuran *Sarmiento* (1946), *Invariantes históricos en el Facundo* (1947), *Muerte y transfiguración de Martín Fierro* (1948), *¿Qué es esto?* y *Cuadrante del pampero* (los dos de 1956), *Las 40* y *Exhortaciones* (1957).

Correspondencia

Querido Estrada: (...) veo que su ánimo corre parejo con el mío. Ando con una depresión muy fuerte, motivada por el atraso en mi precaria salud...».

Así comienza la última carta que el maestro del cuento Horacio Quiroga envió unos días antes de su suicidio a Martínez Estrada. Desde su retiro en plena naturaleza en la Cuenca del Plata, Quiroga encontró en Estrada un confidente «un hermano, más que un amigo» con quien compartir y desahogarse. Cuestiones de índole práctico, cuitas sentimentales, agobio económico, reflexiones acerca de la música y la literatura... Todo ello va aflorando en unas misivas conmovedoras escritas entre el 19 de agosto de 1934 y el 9 de febrero de 1937. Palpita en ellas la soledad, la estrecha economía, y las frustraciones de Quiroga durante los postreros años de su intensa vida. Antecede a las cartas un ensayo basado en las mismas, cuyo título, «El hermano Quiroga», anuncia el retrato íntimo que hace Estrada de un ser humano esencial y «descivilizado». Con él sintió compartir «una hermandad de sangre, una afinidad espiritual y una identidad de ser y de destino como solo se conocen en mitos y leyendas».

I. Esencia y forma de la simpatía

He meditado sobre si la palabra «amistad» comprendía cabalmente el género de relaciones que nos ligó, a Horacio Quiroga y a mí, y encuentro que solo podríasela aplicar si diéramos al término una acepción arcaica que ha perdido. El grado de intensidad, la absoluta objetividad personal y el desinterés que la ha caracterizado, exigirían para la palabra amistad una explicación harto sutil y difícil, sin que viniera a convertirse por ello mismo en otra limitación del concepto. «Hermandad» es más precisa. Indica, además de cuanto pueda significar la amistad, un ligamen, por decirlo así, irracional y superior por naturaleza a la relación aleatoria, basado en una identidad de sangre tal como lo expresa el uso corriente del vocablo gentilicio, y en una identidad de destino o parentesco fatídico en que entran como factores de la unión espiritual inclusive aquellos que pueden obstar o desmerecer la amistad. Suele usarse la palabra «hermano» en un sentido aproximado al que pretendo fijarle aquí, cuando la usaron los paisanos para indicar, precisamente, no solo camaradería sino la suerte común en que dos seres, unidos por vínculos afectivos, vienen a encontrarse en los azares de la vida. Lo que Martín Fierro expresa diciéndole a Cruz: «Ya veo que somos los dos / astillas del mesmo palo».

Cuando nos conocimos (después de habernos tratado algún tiempo y muchas veces en forma asaz cordial) Quiroga y yo sentimos una hermandad de sangre, una afinidad espiritual y una identidad de ser y de destino como solo se conocen en mitos y leyendas. Más fino, él lo captó antes que yo.

Hay que ver lo que es esto de poder abrir el alma a un amigo —el AMIGO— supremo hallazgo de una eterna vida. ¡Cómo voy a estar solo, entonces!

...Se tiene una inmensidad cuando se tiene un amigo como Dios manda.

...Desde hace treinta años, no escribo a varón alguno cartas tan largas y confidenciales. Aprecie esto, querido Estrada, en lo que vale partiendo de mí.

Fue para mí, y estoy seguro de que también para él, un encuentro conmigo, consigo mismo; una potenciación o enriquecimiento de mi propio ser, mayor dimensión y mayor volumen en cada cual, al tiempo que un sostén en la vida que en momentos muy críticos me retemplaba para luchar con denuedo contra toda clase de adversidades e incomprensión. Hasta que pude. De mí recuperaba mucho bien perdido, como si lo hubiese yo recogido y se lo devolviera. Yo abrí los ojos para contemplar una nueva vía, una nueva verdad y una nueva vida. Tal el sentido que llamaría místico de esta amistad que alcanzó, en vísperas de su muerte, un grado de saturación o sublimación en que separarnos era el único posible coronamiento. Lo demás es exégesis profana.

Lo que pudo haber de desesperado en la actitud de Quiroga al tender hacia mí sus brazos, y para mí de revelación en mi camino de Damasco, confirma mi aseveración de que nuestra amistad era de una pureza religiosa aunque precisamente por no abrirse al infinito, y esto se colige del tenor de su correspondencia más que del texto. Si alguien sufrió una conversión con ella, fui yo. Júzguese por el cambio de mi orientación literaria desde 1929.

De modo que si yo insistiera en aclarar que éramos hermanos más que amigos, agregaría poco al inútil empeño de explicarlo. No creo que en la vida de Quiroga, como tampoco en la mía, haya habido un ser que llenara (mejor dicho: colmara) la necesidad indiscutiblemente instintiva de estar con otro ser sin dejar de estar con uno mismo y solo.

Esta verdad me permite llamar hermano a Quiroga, y tal fue el tratamiento que siempre nos dimos, y rara vez el de amigos. Hubiera sido poco, en efecto, porque nos identificaban mucho más que las concordancias de nuestros gustos literarios y los propósitos unánimes, los tácitos acuerdos sobre cuestiones fundamentales o sobre la conducta, el deber, el ideal, e inversamente, la renuncia de cuanto constituye para muchos la aleación de «intereses superiores» que atan a ser humano y ser humano. Ningún interés ni razón de esa clase nos ligaba. Nos ligaba que éramos «hermanos corsos», dos copias de un mismo tenor.

Es precisamente, como lo prueba el sutil análisis de Max Scheler, condición propia del amor fraterno (los griegos tenían una voz exacta: ágape) el que las personas que lo profesan conserven íntegra su individualidad, y que tales relaciones mantengan inalterablemente su carácter objetivo. También Simone Weil exigía que los amigos conservaran inviolable su propia soledad.

Hermano, además, porque me ofrendó en legado cordialísimo el bien inestimable de lo mejor que tuvo, y yo a él.

II. Vida en común

Inútilmente insistí en comprar una parcela de tierra propincua a la de Quiroga, donde levantar mi choza. Tenazmente se opuso repitiéndome que yo tenía ya la propiedad de una hectárea de monte, que él mismo y en época de no muy buena salud había rozado con su machete, talando árboles enormes en un trabajo de titán. Cuando él murió, el hijo y Lenoble me confirmaron que esa hectárea de tierra despejada de árboles y malezas, me pertenecía por su voluntad.

> Sabe usted que hace unos veinte días quemé una buena porción de monte para despejar el sitio donde usted podría ubicarse, en caso de decidirse a vivir aquí. Trabajé algunas mañanas limpiando el terreno, hasta que me entraron tristes ideas sobre su venida. Le repito lo de la hectárea —más si quiere— regalada a usted. Siempre es suya. Allí justamente trabajaba en el desmonte.
>
> ...He aquí, pues; que dentro de tres o cuatro meses nos veremos la cara. Nuevo aliciente para vivir a buen paso hacia adelante. Y ahora resulta que arreglo mis cosas y coqueteo con mi linda casa para que usted la vea.
>
> ...Naturalmente, paré la oreja ante su decisión última, de que me va a escribir sobre compra de un terrenito cerca del mío, etc. Pero, es que no tiene necesidad de comprar nada por ahora. Fuera de que ya tiene su hectárea (¡y en qué posición!), ustedes vendrán a olfatear el país a mi lado, mirar todo, sopesar el resto, y después, recién después hará usted los cálculos sobre su capacidad para echarle la capa al toro. Y, sin embargo, ¡qué raros me parecen sus titubeos!, teniendo como tiene una mujer tal, tan, tan compañera. En fin, ya hablaremos, querido y solitario hermano.

Sus frecuentes exhortaciones a que me radicara en San Ignacio implicaban, además del deseo de una intensa vida natural en común, designios que abarcaban el propósito de una reorganización racional y libre de la vida. El mismo ideal de Lawrence, en su mínima ambición. Siempre he considerado que en la insistencia de Quiroga porque abandonara mi empleo, me aviniera a contar conmigo mismo y con nadie más, encubríase la intención benévola de sustraerme a las zarpas y garras de mis superiores burocráticos y de mis colegas pedagógicos. Constantemente había en sus cartas invitaciones a que fuera a Misiones:

Usted no se halla allí; pruebe por lo tanto otro ambiente. Venga por un tiempo, lo más largo posible, sin compromiso de comprar. Verá entonces si le conviene o no. Si puede usted salir en las próximas vacaciones, de cajón que se vienen ustedes. No crea que el calor es exagerado, le repito.

Quiroga conservaba frescas en su cuerpo las cicatrices de idénticas heridas. Queda liberarme del cepo:

Es, pues, necesario, que venga a acompañarme, amigo por excelencia. No pienso sino en la probabilidad de tenerlo por aquí. Haga un esfuerzo, si puede, en aras de un amigo como yo, de los que hay pocos. Aun cuando ustedes no se animaran a venirse del todo —ya veremos la impresión de ustedes— estoy casi seguro de que el país les parecerá de perlas, y podré contar, en el peor de los casos, con la visita anual de ustedes, en las vacaciones. El calor se soportará aquí mejor que allí mismo. Y yo iría en invierno a pasar una temporada allí. Si viera qué inmenso desahogo me provoca el hablar así, y con usted. ¡Estoy tan solo!

La casa la construiríamos los dos, pues éramos buenos obreros de albañilería y carpintería. El tenía la experiencia de repetidos ensayos. Creíamos ambos que la casa donde uno vive y ha de morir, debe ser construida por propias manos, si ello es posible. Esto lo conseguí después de su muerte, preparándome un retiro de paz para la vejez; y fui despojado por un cuatrerismo justicialista que ha consagrado en dimensión social el método individual del atraco. Me vi privado en aquel frustrado proyecto, y en éste malogrado, de tener la casa que construí con mis manos. Y he pensado con frecuencia qué relación hay de destino en un final tan semejante en ambos casos, pues la casa de Quiroga a su muerte fue literalmente saqueada. Penetraron en ella vecinos que hasta poco antes formaban parte de sus amigos regionales, después linyeras y maleantes, y se llevaron cuanto pudieron alzar. Pocos meses más tarde, la vivienda, el hogar recóndito que se preparó para morir, se convirtió en refugio de haraganes, en comisaría, en mingitorio. Nadie de los que le amaban pudo impedir esa profanación, cumplida sin el ritual de la justicia, y lo que debió ser museo nacional, lugar de peregrinación, se convirtió en madriguera de vagos. Cada hecho en su tiempo y su lugar.

La casa tendría las dependencias indispensables y estaría situada a distancia prudente de su cabaña. Un banderín anunciaría los días que debiéramos permanecer cada cual en su dominio. Solo aprovecharíamos en común los días fastos. Muchas labores manuales en esos días y noches podríamos realizar, sin interferencias, y nuestras afinidades profesionales y temperamentales eran suficientemente seguras y estaban bien asentadas y probadas para no dudar de que el trato asiduo las profundizaría y enraizaría aún más.

En una anterior usted emitía sus dudas sobre el entendimiento de dos amigos face a face. Creo que puede acaecer, siempre que los dos amigos sigan la misma derrota —no espiritual, que sería lo de menos—, sino material. Por ejemplo, si usted sintiera nacer en usted el amor a la tierra, a plantar, a hacer su casa, hacerla prosperar trabajando manualmente en ella, estoy seguro de que no se levantaría una nube entre nuestras personas amigas. Si no, hay peligro. Pues, ¿qué puede ofrecer el desierto a un hombre, si éste no se empeña en sacar de él un paraíso? Recuerdo ahora una observación suya sobre Munthe: *supercivilizado*. Tal es. Munthe trocó la música artificial por el canto de los pájaros, pero se quedó con sus monumentos históricos, más artificiales todavía. El poeta tuvo razón: los palacios de las nubes son los únicos verdaderos.

Compartiríamos el programa de trabajos más que los trabajos mismos, y el descanso, honradamente ganado al fin de la jornada, sería nuestro salario. Nos prometíamos festines de Sardanápalo y Heliogábalo en veladas de música y lecturas.

Piense ahora lo calmo, cariñoso y admirable de tener aquí un vecino como usted, con quien trabajaríamos sin hablar el largo día, para reclinarnos de noche en muelles sillones (los tengo muy cómodos) y hablar, entonces revivir el alma y los recuerdos que la constituyen en su casi totalidad, cuando se ha hecho ya su doloroso e inmortal deber.

Mi versación en música era más variada y mayor que la suya porque a decir verdad, me parece que sus gustos y versación musicales habían anclado en pocos arrecifes como la *Muerte de Isolda* y el *Minuet* de *La Arlesiana*. En compensación, su conocimiento de la literatura narrativa, desde Voltaire hasta nuestros días, superaba la cantidad y la calidad de mis lecturas. Otra de sus numerosas ventajas sobre mí, dimanaba de que había perdido menos tiempo que yo en el manejo didascálico de los grandes autores clásicos y medievales; es decir, que yo había devorado muchos años y millares de volúmenes para conocer obras y autores que nunca despenaron su atención. No le interesaban museos ni bibliotecas en que yo había vivido casi toda mi vida, y donde acaso habría llegado a dedicarme a embalsamar faisanes y quetzales de no haberlo hallado a él en la selva oscura.

Con el acopio hecho del patrimonio universal de la cultura, podríamos entretenernos en una especie de tertulia con fantasmas. Nuestros amigos serían los ídolos que amábamos en común, y mediante ellos nuestra amistad se consagraría con los óleos religiosos de la devoción compartida. Solo permitiríamos el ingreso en la logia, a personajes de ficción que sustituyeran a los de carne y hueso con los que habíamos tenido, él y yo, experiencias desalentadoras. Por otras causas podríamos hacer nuestro el exabrupto de Lawrence: «Detesto tanto a la humanidad, que solo en los muertos puedo pensar con amistad». La tumba de los vivos, o la casa de los muertos.

Mi casa sería la suya, mucho más que mía la de él, porque en su hogar se había producido ya una grieta en el más sólido de los muros, amagando el hundimiento definitivo. De tarde en tarde yo daría un concierto de violín para analfabetos, con asistencia de un auditorio alegórico, él y mi mujer. Conversaríamos de lo terrestre y de lo celestial con igual intrepidez, pues aunque a Quiroga no le interesaban los dilemas de la metafísica y era incapaz de lanzarse al vacío, complacido cabalgaba en el Pegaso conmigo. Quijote y Sancho, o Fausto y Mefistófeles: mucho había entreverado de esos personajes en él y en mí, y no sabría decir hasta qué punto lo era cada cual. Pues su sentido de la realidad, del mundo pedestre que habitábamos en calidad de mamíferos supérstites de un cataclismo universal, era perfectamente absurdo. Absurdo me parece también, mirado a veinte años de distancia, el proyecto de vivir aislados del mundo, y simplemente el de vivir. Lo hubiéramos podido hacer, y sin duda lo habríamos hecho correcta y satisfactoriamente, aunque sacrificando mucho de nosotros mismos, tanto por lo menos como él había sacrificado ya en la primera estancia en aquel paraíso infernal.

III. Amigos de acá y de allá

Si se acudiere a los amigos de Quiroga para averiguar esas particularidades del carácter que solo se revelan en el trato informal, ¿qué imagen obtendríamos de esos testimonios?

He advertido que, en general, amigos de elección y eventuales tienen de él la misma imagen convencional, no halagüeña e infiel. Muy poco, por lo pronto, de lo que constituye los rasgos específicos del escritor. No era de otro modo de cómo lo vieron, y a este respecto con la misma razón puede decirse que sus fotografías no son sus retratos fieles. ¿Tenemos, acaso, su imagen de escritor debidamente perfilada? ¿Quién era?

Conocemos arbitraria y superficialmente su persona y su obra; la obra puede ser recuperada, pero sin un retrato fiel del autor no alcanzará sus positivos relieves. El, de ninguna manera puede ser recuperado. Necesitamos complementar la obra con el autor, y esta tarea de escoliastas iconográficos la han cumplido para otros grandes escritores aquellos amigos que guardaron de ellos copioso anecdotario y la nítida impronta de su rostro espiritual. El testimonio de la vida de Tolstoi, Conrad, Wilde, France, Proust o Gide nos facilita la mejor comprensión de sus obras, pues hasta los rasgos caricaturescos o malévolos contribuyen a reproducirlos tal como fueron. Con Quiroga esto no es posible, porque no formó parte de ningún cenáculo ni entregó copias autenticadas de sí a nadie. Las «tomas» de sus amigos de juventud son muy parciales; casi todos los demás partícipes de sus trabajos y sus días han fallecido ya sin haber expresado su propia opinión, y los vecinos de San Ignacio no son testigos de fiar. En general, se temió que la revelación de episodios expresivos de su carácter lo disminuyeran o representaran muy inferior a cómo fue. Esto porque no han tenido cabal noción de quién era ni concepto de la verdadera grandeza humana. Tenemos de la historia y de la biografía cánones de programa escolar, y Quiroga no era una pieza de quincalla. Puedo suponer, entonces, que permanece inédito y anónimo y que su expurgo para una antología de las bellas letras y de las bellas figuras lo mutilaría de lo que constituyó su fuerza y su originalidad.

Los pocos amigos sobrevivientes a quienes lo ligaban vínculos de compañerismo literario guardan de él una efigie; los de su camaradería convencional y eventual, otra. Existen también imágenes deformadas arbitrariamente por la leyenda de sus extravagancias o el vértigo de su existencia abismal; y existe, ya sé, el busto para prólogo de sus obras completas, tallado en la misma marmolería de los monumentos funerarios. La celebridad de Quiroga llegará el Día del Juicio en que sean juzgados los pecadores y los justos de nuestras letras; cuando la resurrección de los desterrados y de los sepultados vivos.

La obra ofrece materiales para un retrato de cuerpo entero en que aparecería como un Tarzán de las letras, cómodo para los críticos y profesores de historia de la Literatura: el de un prosista tan desgarbado como en el vestir. ¡Desprolijo y negligente, tan luego! Mejor sería acudir a quienes no lo conocieron, a los que intimaron con él en el trueque de los frutos silvestres que unos y otros recogían en la selva.

En San Ignacio conocíasele como individuo exótico, mensú no asalariado, lunático y caprichoso, que arriesgaba la vida porque sí en los días de correntada, cuando ni los nadadores se aventuraban en el río, y que se pasaba horas y horas al Sol, talando y carpiendo, cultivando plantas raras y calafateando canoas de paseo. De otras particularidades no se sabía mucho más, y su aureola de salvaje sentimental no fulgía en la selva. Apenas se sabía allá que era escritor, sinónimo de chiflado, que se ponía de punta en blanco al caer la tarde y que «le daba por los libros». Todas estas actitudes de Quiroga, que tomadas aisladamente resultan incoherentes y estrambóticas, guardan íntimas concordancias entre sí como concepción plenaria y desprejuiciada de la vida. Vivienda, moblaje, vestuario, herramientas, ocupaciones y pasiones concuerdan en acorde de tónica. Pero hay que tener buen oído.

Era uno de los colonos del pago pululante de prófugos, que charlaba de cosas triviales, que se enfurecía con facilidad, que, como todo el mundo, decía malas palabras cuando se machucaba los dedos. Individuo ordinario y misántropo. A esos amigos les prodigaba, como a los otros, idéntica espontánea simpatía, y es seguro que sus conversaciones con la muchacha que lo atendía como madre llevaran tan de lo mejor de sí como las que mantenía con los del gremio. O más. Pues la misma llaneza despreocupada de retórica empleaba conmigo y con las figuras descollantes de las letras que con los jornaleros. Usaba un único lenguaje: el de todos los días laborables. Si tal era un síntoma de rusticidad, admitamos que era su condición ingénita y que la podemos hallar en sus escritos y en sus juicios críticos. Mas no olvidemos que hasta los veintidós años fue caballero de cenáculos y ateneos, de léxico esmerado y de smoking. De modo que si el jornalero y el crítico deducen de aquellos datos conclusiones impremeditadas, se equivocan. Por lo demás, el trato con gente indemne al contagio de las afecciones epidémicas propias de la cultura urbana, es común en los hombres de su estirpe, y a cierta altura de la vida se prefiere al analfabeto, si está efectivamente en el estado de gracia de la ignorancia, al histrión que gesticula un rol aprendido de memoria en los libros.

Hay que llegar, pues, a lo de Munthe, Kipling y yo en mi pequeña esfera: hablar con profunda paz con gentes de buen corazón e ignorantes.

El anhelo de soledad lleva implícito el apartarse por igual de la civilización fabril y de la cultura de fábrica. Sus padres: Thoreau, Tolstoi, Hamsun, Lawrence, practicaron también el rito de las abluciones en los manantiales.
En la amistad, Quiroga no hacía cuestión de méritos o cualidades técnicas del saber, sino de las condiciones morales que lo emparentaban inesperadamente con algún bracero de la selva o mecánico o plantador. No apreciaba a las personas por la talla sino por la altura. La nómina de sus amigos resultaría muy pintoresca, de poder hacerse con aproximada exactitud. Prefería el trato de mujeres, de las que constantemente obtenía enseñanzas de rompecabezas psicológicos. En las novelas atraíale la mujer más que el hombre, cuando entran en juego pasiones y estratagemas. Conocía a las hijas del general Epantchine como si las hubiera tratado mucho tiempo en la intimidad. Se consideraba experto en psicología femenina. Había cierta duplicidad en él en cuanto a la amistad, y exigiría una larga digresión tratar de explicarla. En sus residencias periódicas y espaciadas en Buenos Aires, gustaba, sin buscarlo, el trato de artistas, escritores, profesores y hasta de personas de figuración política y social; en San Ignacio prefería el trato de las gentes más humildes y sin relieve en la vida importante de la zona. En cada individuo encontraba material humano de primera calidad, escarbándolo un poco. ¿Qué conclusión podemos sacar? No puede decirse que las grandes amistades de Quiroga cuenten entre los escritores y artistas cuanto entre la gente del pueblo. Llevada la averiguación hasta los últimos términos es posible que tengamos que confesar que nadie, ni parientes ni amigos selectos ni aleatorios, penetraron jamás ni

se hospedaron en lo íntimo de su afecto. Al amigo que se le separaba o al que daba la espalda una vez, jamás volvía a recuperarlo. En esto no solo era rencoroso sino despiadado. Durante treinta años conservaba fresco el encono de alguna deslealtad.

En sus recuerdos de los últimos tiempos acudían a él, como si lo frecuentaran, lejanos e insignificantes amigos que al desvanecerse otros venían a ocupar su lugar. Prácticamente, llegó a vivir entre muertos. En apasionadas anécdotas reaparecían como protagonistas, cediéndoles él su lugar, sin molestarse por las mofas de que pudo haber sido objeto. Sabía bien cuán expuesto estaba a tomar en la imaginación del prójimo tantos aspectos cuantos coincidían en considerarlo una rara avis.

Por supuesto, Quiroga tenía bien ganada su fama de excéntrico, y el capítulo de sus extravagancias más que ningún otro merecería delicado examen. Aplicándosele sin malevolencia, la palabra «extravagante» abarca toda la gama entre la excentricidad, la manía, el capricho y el genio. Sus amigos eran también extravagantes. Uno de los adventicios fue el mecánico italiano, cuyas prendas personales y las circunstancias con que el azar se lo presentó, me contó con jovial placer.

Anda por acá un mecánico italiano venido a menos, bueno, alegre e insensato, como es natural... Tiene cerca de aquí un mísero taller. Sabe trabajar, pero no gana. No cobra. Un patrón le dijo: «Usted necesita tutor, de otro modo va a morir siempre pobre». Es, como ve, un niño grande —siendo de los amigotes de Munthe—. Me hace preguntas sobre el destino de la vida, tal y tal, apoyando su cuestionario en los dedos, como a la murra. Charlo largos ratos con él. Y francamente, cuando en estas profundas calmas veo en *El Hogar* la reproducción de un banquete literario, con C., M. y Cía., me pregunto con asombro cómo se puede vivir esa vida.

Por lo regular, el álbum de sus amigos es de desterrados, a quienes la vida había arrojado lejos de la civilización. De descivilizados. Aquel mecánico purgaba un segundo confinamiento, y los problemas trascendentales a la murra que gustaba plantearle, daban la medida de su material humano en bruto. Esos mismos problemas en la mente del filósofo son otros. Que hubiese una chispa de espíritu le complacía más que una llamarada. ¿Otros? En los cuentos están. Muy estimado era el amigo Escalera, a quien cierta vez, acaso inducido por la inconsciencia con que Quiroga hablaba por igual de toneles y violines, se le ocurrió fabricar un stradivarius con madera de timbó, que resultó ser el ejemplar más grotesco que pueda imaginarse de la lutiería. Chato de pecho y espaldas, como Quiroga, con las «efes» labradas a gubia, un mástil semejante a un trozo de macana y un clavijero de sistro prehistórico, emitía un sonido remoto, quejumbroso, de gato recién nacido, que resultaba por mitades hipnótico y horripilante. Me lo mandó, por si su amigo Escalera hubiera descubierto, por azar, un nuevo método de fabricar violines, según suponía que pudo haberle acontecido a, digamos, Amati o a Gasparo da Saló.

Otro espécimen del género era «el ingeniero belga». Se le presentó de la manera más inusitada. Quiroga se había internado en la selva y silbaba algún trozo de música (seguramente la muerte de Isolda). Lo iniciaba y al llegar a cierto punto volvía a recomenzar, patinando como disco rayado. De pronto oyó que alguien, a la distancia, lo cuarteaba en el pantano continuando la partitura hasta el final. Quedó, me decía, como si de pronto se hubiera topado con Ricardo Wagner. Era el ingeniero belga, que desde ese momento se incorporó al séquito de los iniciados de la mandioca y la fariña, y que terminó sus días en Bruselas legando su fortuna a las prostitutas de la ciudad. Finalmente, Goyanarte, otro curioso ejemplar. Yo lo conocí por azar en un pueblo de la provincia de Buenos Aires. Tenía un negocio de ramos generales, y campos. Fui a verlo. Lo encontré encerrado en su habitación adonde nadie tenía acceso sino después de anunciarse con tres golpes de nudillos en la puerta. Las paredes estaban forradas de libros. Revisé, extrañado, la biblioteca. Todas obras de gran calidad: en inglés, francés e italiano. No encontré un solo libro mediocre. «Mi vocación ha sido, desde muy chico, la literatura. Pero he necesitado antes de dedicarme a ella, hacer dinero. Ahora soy rico y pienso empezar a escribir». Se le presentó a Quiroga sin anunciarse.

Querido Estrada: Llegó su tanda de cartas, y hace unos días su amigo Goyanarte, excelente persona que se vio forzado a ayudarme a traer arena en el coche, pues urgía tal producto para una piscina que estoy haciendo.

Nos levantamos esa mañana a las 5.45, tomamos unos mates bajo densa cerrazón, y enseguida a cargar las 16 latas de kerosene en el coche para traer la arena. El amigo ha sacado un sinfín de fotos documentales de mi casa, del sitio elegido para la suya, de la hectárea de marras.

Goyanarte dejó en él el recuerdo de un hombre fuerte, que podía cargar latas de arena, apretar bien una tuerca y talar a machete limpio. No sé si se enteró de que era del gremio, ni me recordó jamás otros episodios de su hospedaje que el de los trabajos que realizaron juntos.

Entre sus viejos y queridos amigos de «allá lejos» contaba Giambiaggi, pintor, líder y obrajero. Durante años vivieron en vecindad y camadería, y compartieron la maternidad de Eglé y Dado, cuando éstos perdieron la madre. Un episodio está narrado en «El Desierto».

A las personas desagradables, entre ellas un escritor que imitaba al maestro renegándolo, las olvidaba por completo. De este extraño personaje, un bohemio de alta escuela, jamás me dijo Quiroga una palabra; pero por él sabía yo que se aborrecían con equitativa reciprocidad.

IV. El hombre y sus fantasmas

No podemos entrar a considerar —juzgar sería insensato— la conducta de un hombre excepcional en tantos sentidos como Quiroga, sin admitir que mucha parte de su grandeza y originalidad debíase a un «daimon» que lo poseía. De nadie es correcta una apreciación burda de aquel tipo, fuera de los esquemas de la antropología o de la tipología humana; pero lo es particularmente del grande hombre, que en porción considerable es extraño a sí mismo y responde a mandatos que se le imponen perentoriamente. El aforismo que reza: «El genio es hermafrodita de ángel y demonio», es exacto.

Un hombre de esa clase es un conflicto de aportaciones contradictorias. Solo él puede sentir —y jamás comprender, aunque como Tolstoi se ausculte despiadadamente— que lo que configura lo más tendinoso de su personalidad es, como el esqueleto, lo que pertenece a la especie más que al individuo: la sobrevivencia y la acumulación capitalizada de múltiples experiencias. Heráclito ha expresado terminantemente que el carácter es el «daimon» de la personalidad; su *esse alienus*, que lo señala con el estigma de la extranjería. El grado de inflexibilidad de tal osatura psicosomática indica su capacidad o aptitud de adaptación a la gimnástica de la vida. Quiroga era inflexible; en otro término, «difícil».

Debo vencer escrúpulos de delicadeza al demorarme en este tema abrupto de su personalidad, y lo hago sin temor de que una interpretación malévola lo desfigure, porque ello concierne a la experiencia de nuestra amistad de sangre, y porque solo procuro esbozar escuetamente algunos rasgos psicológicos de su afectividad, indispensables para una noción más equitativa de su rigidez en ocasiones rayana en la crueldad. Existe ya una leyenda a este respecto, y debo procurar que no se reduzca a términos sucintos de psicología escolar. No es mi propósito, necesito repetirlo, bosquejar un retrato psicológico de este hombre en sus relaciones afectivas íntimas. Quien se proponga el atrevimiento de tan ardua y arriesgada tarea deberá ante todo precaverse de la tentación de dramatizar su vida, rebajándola a tablado de «grand guignol», como sería lícito tratándose de un hombre cuyas relaciones de lo interior y lo exterior estuvieran bien ajustadas. Este orden de relaciones en Quiroga presentaba perceptibles desajustes, y su desinteligencia con los seres queridos, como con el mundo circundante, era la proyección de sus propios conflictos congénitos. ¿Cómo es posible un análisis caracterológico y ético, cuando se trata de espíritus complejísimos que se traicionan a sí mismos y que libran consigo la más cruenta batalla antes que con los demás? Precisamente estas oscilaciones extremas de su carácter (de su destino) prueban la autenticidad de su genialidad tanto o más que los valores de estilo de su obra. No es un hombre «raro» a este respecto, sino que su fisonomía acusa una fraternal semejanza con los de su clase. Podría parecerse a Dostoievski, a Lawrence o a Tolstoi por su talento literario, pero muchísimo más se les asemejaba por la urdimbre endiablada de su alma. Con sus palabras:

> ...Esas acciones y reacciones suyas de un día para otro (viernes negro y sábado blanco) me son harto conocidas, y anote que nuestro carteo suele girar alrededor de esa nuestra veleta fundamentalmente alocada. ¿Y qué diablos haríamos, de no tener este escape confidencial, uno y otro? Le aseguro que cualquier contraste, hoy, me es muchísimo más llevadero, desde que puedo descargarme de la mitad en usted. Este es el caso, que es el del artista de verdad. Verso, prosa: a uno y otra va a desembocar el sobrante de nuestra tolerancia psíquica. Pues, vividas o no, las torturas del artista son siempre una. Relato fiel o amigo leal, ambos ejercen de pararrayos a estas cargas de alta frecuencia que nos desordenan. *Desorden psíquico*: voilà. Suponga usted la estantería de una honrada casa de comercio, donde cada cosa tiene siempre su lugar. Da gusto: todo está a mano. Pero hay otras, riquísimas, donde todo está en desorden. Usted va a buscar un jabón y halla una cítara.

Si he de valerme de auxilios metafóricos declararé que no conozco psicología más afín con la de Quiroga que la de Tolstoi ni, en consecuencia, «daimon» más inexorable de su destino. El hecho de que ambos hayan sido escritores es, a mi juicio, solo uno de los coeficientes integrantes de la personalidad, pues la vocación es una resultante de los complejos anímicos que condicionan la vida. Las desavenencias conyugales del maestro ruso, su sensualidad y castidad, su soberbia de aristócrata y su masoquismo de humillarse a los pies del mujik, su relación incómoda con los hijos, a quienes idolatraba, las oscilaciones bruscas de su carácter, su sibaritismo de anacoreta, sus raptos místicos y salvajes, el asco por una vocación que integra su destino, montar un escándalo doméstico como capítulo de una novela, la náusea de sí mismo como intelectual y la derivación hacia estudios y preocupaciones de otra índole, la educación de los niños, el respeto por todo ser viviente, el amor al trabajo manual (como ejercicio, como disciplina moral y como enervante), la necesidad imprecisa de soledad y aislamiento y de comunión con todos los seres de la naturaleza, el repudio del poder autoritario y de las formas artificiales y convencionales de vida y muchísimos datos fundamentales más, hacen que, sin influencia literaria del mayor sobre el menor, ambas personalidades se asemejen y hasta se identifiquen.

Quien se proponga, pues, de buena fe, la tarea de desentrañar el enigma de tal carácter, debe precaverse de los atractivos de la psicología pedagógica, inclusive de la de profundidad. Sin embargo, no es Tolstoi el Sosías de Quiroga, sino Lawrence, «excepto en todo cuanto concierne a la literatura». Me refiero a lo demoníaco.

Una palabra técnica de uso corriente es «difícil». Quiroga era, en la acepción de este vocablo en la pediatría psicoanalítica, un «niño difícil». Pero estoy en el límite del objeto de mis recuerdos, y me es indispensable otro ángulo para una perspectiva cabal. Fue Quiroga muy sensible a los sentimientos familiares: a los de gens y tribu. En términos generales debe saberse que, en contraste con su dura, autoritaria manera de ser, Quiroga era de una sensibilidad tierna y generosa, aunque no abierta sin cautela ni por ningún camino accesible al peatón, sumamente impresionable y propenso a las lágrimas. Su don de simpatía por los seres humanos como miembros de la Creación, no tenía límites prácticamente; y puedo afirmar que los personajes de las novelas y los reales convivían con casi igual personería en sus afectos. Como todo artista verdadero creaba sus seres irreales con sangre de sus arterias, hijos de su costilla, y así mismo se incorporaba a los seres verdaderos en cierto rol de personajes dramáticos de una universal ficción. Debo significar también que así como estimaba con carácter de amigos a personas con quienes simpatizaba en las obras literarias, asignándoles entidad terrestre y material, así a sus familiares y amigos nos consideraba, sin que pudiera remediarlo, un poco en el carácter de seres novelescos. «Relato fiel o amigo leal».

Conversando con Quiroga se tenía por lo regular la impresión de que actuar e imaginar eran desdoblamientos de una función cuatridimensional, y que la referencia a una lectura entraba por derecho propio a la vida cotidiana, como una situación o un diálogo podía encajar en un cuento. Mi «Humoresca quiroguiana» está enfocada así. Si para todo novelista el croquis de la realidad —él los tomaba minuciosamente, y he donado con otros documentos una libreta con esa clase de apuntes— pasa sin violencias al plano de la ficción, así los habitantes de las novelas participan en el croquis de la realidad. Todo esto quiere decir que para Quiroga y para todo creador —Balzac o Dostoievski— escribir y vivir eran una misma función. Valga esta paradoja para estimar que muchas de sus actitudes incomprensibles, extrañas e insólitas, resultaban de que iban encuadrándose en una misma novela. Si alguna vez relatase yo una cualquiera de sus tribulaciones familiares, naturalmente en forma de anécdota, o relacionada con su alejamiento de los seres queridos a que lo impulsó su «daimon», se vería patente la relación que hubo, en lo inflexible de su conducta, con cierto canon de lo que acontece corrientemente en la novela. Aunque quizá esto se explique por el hecho de que, maestros o aprendices, todos novelamos nuestras vidas. Sin escándalo se comprenderá, entonces, lo que quiero sugerir diciendo que los seres que lo rodeábamos participábamos casi por partes iguales en condición de personajes imaginarios, más o menos fallidos o logrados, cuanto de entes de carne y hueso. Nuestra vida en común, en Misiones, ¿no estaba encuadrada ya en un marco de novela?

Su cariño por un libro o por un autor, muerto o vivo, no tenía delimitaciones ontológicas, y se apasionaba y sufría como si la suerte de Nastasia Filipovna o de Iván Ilitch formaran parte de sus gens o aun de su biografía. Sus quejas por incomprensión de los seres queridos —yo entre ellos—, condensaban en el momento actual sus anteriores experiencias dolorosas, y venían a ser trágica repetición de sucesos y situaciones morales, aludidos en sus obras bajo nombres imaginarios. Es emocionante la confesión de que, otra vez solo en la vejez, acude al amor de su primera esposa, muerta veinte años atrás, y que siente su llamado atrayéndolo a descansar.

Hay en su biografía, dije, una unidad de destino que da a cada episodio una perspectiva y una resonancia consteladas de aciagos recuerdos. Padres e hijos, atridas o labdácidas. Tal fue la dramática sustancia de su sino, que es fácil y hasta tentador convertir su biografía en una novela luctuosa y emocionante. Ya se ha hecho, y bien; mas no creo que sea posible trasmitir al lector que carezca de otros elementos de juicio que los que le proporcione el relato, una noción cabal en extensión y profundidad de la tragedia de este hombre extraño, por muy certeros que sean (las obras de Delgado-Brignole y de Orgambide, por ejemplo). Se puede hablar lícitamente de su tendencia a dramatizar los hechos de su vida cotidiana, natural y congénita inclinación a llevarse a sí mismo hasta los bordes de lo irremediable, a destruir lo que amaba (deleitábase en recordarme la «Balada de la Cárcel de Reading»). Y lo reconocía en una carta:

Yo soy un poco inclinado a poner las cosas en blanco. Soy —como decía mi personaje— capaz de romper un corazón por ver lo que tiene dentro. A trueque de matarme yo mismo sobre los restos de ese corazón.

Esto puede explicar, sin el minucioso análisis indispensable, su desinteligencia conyugal. De Eglé:

Hemos cambiado algunas más cartas, al tenor de las siguientes: Ella... «Me enseñaste una vez a saber lo que es un padre». Yo: «Como siempre concluye uno por ir a donde lo comprenden, estoy volviendo a ti, "Guagua"... Por algunos relatos se dará usted cuenta del lugar que han ocupado en mi vida esos muchachos. Ahora Dado escribe cuentos».
Con la mujer —golpeada también—, me voy entendiendo poco a poco por carta; con el varón no nos entendemos casi nada. Así, pues, fracaso de padre en los últimos años y fracaso de marido, ahora. Yo soy bastante fuerte y el amor a la naturaleza me sostiene más todavía; pero soy también muy sentimental y tengo más necesidad de cariño —íntimo— que de comida. A mi lado, mi mujer es cariñosa a la par de cualquiera; pero no vive conmigo aunque viva a mi lado. Y yo no puedo permitir esto. Bueno, ahora: lo terrible de todo esto es que tenemos una afinidad verdaderamente milagrosa de carne... Ate usted cabos, amigo, y verá si tengo motivos para estar doblado. Yo podría conformarme con tener a mi edad una extraordinaria amante; pero no me

basta eso. Prefiero amar a una sombra lejana, a mis ilusorios cincuenta y siete años; pero no... solamente. En fin, dejemos esto.

...Paréceme que hace mil años, cuando una mañana, casi de madrugada, mi mujer y mi hija se fueron como los pájaros a un país más templado. En verdad, dice usted bien; se me ha comprendido poco, y M. menos que nadie. M. no solamente no me comprende a mí sino a ninguno de la casta. ¡Y pensar que nos hemos querido bárbaramente! En *Les Possédés*, de Dostoievski, una mujer se niega a unirse a un hombre como usted y como yo. «Viviría a tu lado —dice— aterrorizada en la contemplación de una monstruosa araña.» Mi mujer no vio la araña en Buenos Aires: pero aquí acabó por distinguirla. Sin embargo, amigo, no la culpo mayormente ¡es tan dura esta vida para quien no siente la naturaleza en el ménage! Y me acuerdo siempre de aquel personaje de Mérimée, que fracasa con su mujer joven y linda: «Me ha hecho feliz cinco meses —dice—; le debo pues, mi vida entera».

¡Qué tremendo y complicado es todo esto! Hay cien razones mortales para condenar y otras cien para excusar. Pero yo soy un solitario, es lo cierto. Un exceso de personalidad, como dice mi mujer, me hace sentir cadenas en la más ligera traba a mi voluntad.

Como, empero, no se complacía en destrozar y en destrozarse, pues ningún masoquismo morboso lo impelía a ello, puede decirse con igual licitud, que Quiroga cedía a las fuerzas ciegas de su destino, tal en él como en las víctimas de las tragedias griegas. La desdicha familiar que lo adhirió a mí tan estrechamente, es de carácter sagrado y no puede ser tratada con el alma impura. Es un capítulo de novela, sin duda, pero ¿cómo desligar en Quiroga la ficción de la realidad, la novela de la biografía? Es todo cuanto tengo que decir.

V. The Imp Of The Perverse

Evité tenazmente, hasta que tuve que ceder, acompañar a Quiroga en sus acrobacias náuticas. La vectación vespertina por la Avenida Alvear tampoco era cuestión de aceptar sin augures. Invitaba con voz que podía significar:
—«¿Qué le parece si nos estrellásemos esta tarde? ¿No le resultaría magnífico que nos ahogáramos en el Tigre?»

Ni él ni yo sabíamos nadar, ineptitud a la que no daba ninguna importancia. Lo que en realidad quería de sus acompañantes, es que juzgaran de la alta calidad de sus construcciones; según opinión de los técnicos, verdaderas obras de arte de la arquitectura naval. Esta era su gran maestría y recóndita vanidad.

La experiencia de cómo guiaba el auto me precavía de sus condiciones de piloto. Pero había siempre una romántica persuasión en su «Invitation au Voyage». Le apasionaba cuanto representara un peligro mortal, porque en el fondo de su corazón deseaba morir. Como un jugador se entrega al azar con los ojos cerrados, se abandonaba él al albur de la tragedia. Tal es un rasgo peculiar de su psicología, pues evidentemente de ordinario conducía sus relaciones con el semejante dejándose llevar o arrastrar por el «diablejo de lo perverso» hasta los bordes del precipicio de lo irremediable. Vivía tentando irrespetuosamente a las Parcas.

Sin duda un paseo tal era una prueba de nervios y nada parecido a navegar plácidamente por los canales contemplando los paisajes que constituyen el encanto peculiar del Tigre; paisajes de paz para disfrutar en paz. Pero Quiroga navegaba en el Tigre como Jack London en los archipiélagos del Pacífico. No podía esperarse otro gozo que el de la emoción violenta, el peligro como fin y finalidad de la excursión. Precisamente lo que a nadie se le ocurría ir a buscar al Tigre. No se tenía tiempo ni ganas de observar nada. Ignoro si el navegante vocacional puede unir los sobresaltos de lo imprevisto con la tranquilidad de la contemplación, pero para mí, las pocas veces que acompañé a Quiroga en sus malones al Carapachay, fueron una tortura. Me pareció cierto que tampoco él buscaba en esas correrías placer ninguno, sino, al contrario, la auto-flagelación psíquica, por las metamorfosis del peligro inminente; siempre igual y siempre inesperado. No tengo ninguna versación en temas de deportes violentos ni de seudomórfosis del masoquismo, y carezco de competencia para afirmar que

Quiroga amaba lo que podía destruirlo. ¿Destruirlo? No le parecía cierto que pudiera morir. A mí tampoco, pues aunque lo veía tan frágil lo notaba seguro de sí mismo, como sus canoas, livianas e insumergibles.

Yo tengo —y debo habérselo dicho— gran fe en mi estrella. Por ella esperé confiado en la recomposición.

Por fin, una tarde Quiroga me persuadió, o quebró en mí el instinto de con- servación, y probamos la excelencia de su último navío. Aquella tarde era una lámina luminosa de infinita calma y soledad. Partimos hacia la isla de Ogigia o las Bermudas. Después de sortear las sirtes del Gran Capitán se internó en el Río de la Plata. No sé si las aguas o el timonel imprimían a la embarcación un cabeceo hípico, convulsiones de potro marino. Medio bote sobresalía de la superficie, de modo que no se podía decir si navegaba o volaba. Iba yo asido al borde de la canoa, alerta de un viraje sin preparación que me arrojara por la borda, al mismo tiempo que admiraba la dignidad con que Quiroga empuñaba el timón, con toda la arrogancia de un almirante holandés, acurrucado en la popa. Era un jinete y no un piloto, que alardeaba de no tener ni idea de lo que estaba haciendo.

A pesar de todo, regresamos embarcados al muelle.

(Puedo dar fe de que los botes construidos por Quiroga eran insumergibles y, además, que él los gobernaba como a tritones que esperaban su voz de mando para echarse a volar.)

La Era de la Canoa fue la última; la precedieron la de la Moto y la de la Voiturette.

Hacia 1928, Quiroga tuvo un accidente de tránsito. Tenía un dios aparte, pero ese día el ángel de la guarda se cansó. De esas batallas había perdido glorio- samente muchas. Me escribía:

Me acuerdo de los tres meses que pasé en el jardín de casa con la mano en cabestrillo. Fue muy fuerte aquello. Y pasó.

Aquella tarde, su voiturette embistió a otro vehículo, en la Avenida Alvear. Maltrecho en la cama del hospital, se complacía en falsear la verdad de los hechos, pues todo el mundo sabía, sin haberlo visto, cómo ocurrió el accidente. Explicó la maniobra rapidísima que él realizara, la torpeza del volante que le arrojó el coche encima, y censuró a la policía porque dejaba manejar en el Centro a individuos irresponsables. Mientras relataba el suceso, que iba perfeccionando poco a poco, nos miraba suspicaz, sospechando que no le creíamos. Comentaba: «Suerte que andaba solo; di dos vueltas en el aire, desalojado del pescante, y nada más».

Lo internaron magullado y con dos metacarpos rotos. Todavía era de buen tono visitarlo y llevar al café algún chascarrillo a expensas de su triste figura. El asumía la responsabilidad de tan copiosa y equívoca popularidad, y otros enfermos internados solían llegarse a su salita para saludarlo y conversar cuando no tenía otras visitas. Siempre me pareció que Quiroga amaba «sus hospitales», como Verlaine, y no por motivos muy distintos.

Cuando le quitaron el entablillado de la mano izquierda mostraba los dedos anquilosos, mirándoselos como si se los hubieran regalado. Solo quedaban prácticamente hábiles el pulgar y el índice, que abría y cerraba a manera de pinza de artrópodo —«No importa —comentaba—; todavía puedo agarrar las herramientas». Siete años después:

Sentiría mucho, sí, verme baldado para el resto de mis días, sin poder trabajar como lo hago. Pero como también es cierto y justo, no hay desgracia que no deje una ventanita abierta hacia un goce que se ignora cuando se es todavía un santo bruto. Ya hallaré la ventanita...

Durante la convalecencia mostrábase dichoso, aunque mutilado, de estar vivo. Por muy vehementes que fueran sus afirmaciones estoicas de que la muerte le era indiferente, estaba aferrado a la vida con tuercas bien ajustadas. Amaba la vida también porque era desdichado; otra cosa habría sido una insensatez inconcebible en él. Cuando se han descubierto, con las miserias las maravillas del mundo, se le pide a Dios —como hizo Hudson— que le deje a uno vivos los ojos sobre una piedra, en cualquier parte, para poder seguir viendo su esplendorosa belleza.

Entonces recobraron inusitada urgencia sus proyectos de regresar a Misiones para retomar los trabajos interrumpidos, el ritmo de su existencia. Estaba ansioso de probar la pinza a que habíasele reducido la mano, y necesitaba huir de la ciudad de los transeúntes y de sus peligros. Su carácter se hizo más áspero. Volvió a plantear la disyuntiva horriblemente inhumana: «O todo o nada».

VI. Sinfonía pastoral

En 1928 vivía yo en Lomas de Zamora y Quiroga en Vicente López. Habíamos iniciado nuestra amistad poco antes, al encontrarnos en casa de Norah Lange. Los encuentros anteriores fueron ocasionales, con muchas otras personas, en comidas o cócteles bulliciosos; excepto a las tardes, en el café «Paulista» de la calle Corrientes, donde nos encontrábamos los días de semana él, Espinosa y yo. A veces nos llegábamos hasta el Bar Helvético para encontrarnos con Lugones y gente de *La Nación*, que yo no conocía. Por azar participábamos de otras tertulias, como la peña del «Gambrinus», a la que asistían Pardo, Sirio, Amorim, Hohmann, dibujantes y escritores entre quienes me sentía forastero. Quiroga iba a sorber su cucharada de bicarbonato.

Gran importancia para nuestra amistad tuvo la tarde indeleble en casa de Norah Lange, con Sanín Cano, Espinosa, Mom y alguien más. La saludable alegría de Norah y las hermanas se hizo comunicativa y disfrutamos de jovial juventud hasta la noche. Quiroga estaba retozón, comunicativo, desbordante, locuaz como nunca más lo oí. El patio parecía un jardín de infantes. Allí lo conocí como era realmente.

En Lomas preparaba yo a la sazón los dos últimos libros de versos que publiqué. La amistad de Espinosa y de Quiroga me indujo a dejar la poesía y a emprender otros caminos de penitencia. Ese domingo me levanté muy temprano, pues *La Nación* publicaría mi «Humoresca quiroguiana» que desconcertó a Méndez Calzada. Este consultó a Quiroga para evitar posibles molestias. Sabía yo ese preámbulo y que la composición no le había hecho tanta gracia como a mí.

Teníamos un chalecito con jardín al frente y verja de hierros puntiagudos. Defendía la casa un hermoso e inteligente perro, Drake, que en un diccionario biográfico figura como uno de mis hijos. Abría la puerta para recoger el diario y encontré a Quiroga sentado en un escalón del umbral. A pesar del calor, tenía puesto el enorme casacón de cuero, al que habíale hecho un hilván en la espalda con hilo de talabartero. Había saltado la verja y leía el diario.

—¿Cómo? —exclamé atónito, barruntando que el poema tuviera que ver con su visita.

—Hace una hora que estoy acá. No quise despertarlos. Por lo visto, el perro conoce a todos sus amigos. Ha estado haciéndome fiestas para que no me aburriera.

Quiroga estaba de pésimo humor. Había tenido un disgusto en la casa. Como le acaecía en trances análogos, tartamudeaba. Su resolución era sencilla y extrema: no volvería más a Vicente López. Me preguntó si tenía comodidades para albergarlo por unos días. Era preciso terminar de una vez para siempre —me dijo—, y ahora estaba resuelto. Del poema no dijo una palabra. Entramos. Cualquier diálogo era dificultoso. Bebimos café. Examinó los dibujos de títeres en que yo había estado trabajando hasta muy tarde. El dibujaba peor que yo. El comentario desfavorable sobre mis fantoches y su propia charla fueron reponiéndolo en su diapasón normal. Iba de acá para allá, excitado. Manoseaba algunos libros de la biblioteca y volvía a ponerlos en el estante, no en el sitio. A las once decidió súbitamente:

—Vamos a almorzar a casa.

—Comamos aquí, Quiroga. A la tarde iremos, cuando amaine.

—No. Nos esperan. Vaya a buscar el auto. Agustina que nos siga; nosotros tenemos que conversar.

Se encaminó resueltamente a la voiturette y puso el motor en marcha. Me senté a su lado, y cuando distinguió a lo lejos nuestro auto arrancó de golpe, como solía hacer Ben Turpin, y enfiló por la avenida Meeks a toda velocidad. Inició entonces una apasionada diatriba contra las mujeres en general, superior a la de los afamados misóginos de Grecia, Roma y Jerusalén. Aterrorizado por los peligros naturales de un viaje en su compañía, y porque su facundia era una catarata no menos vertiginosa, lo escuchaba yo en silencio, sin atreverme a interrumpirlo y mucho menos a contradecirlo. Comprendí que estaba abriendo todas las válvulas de escape y que eso era al fin y al cabo saludable y de buen presagio. Habríamos hecho dos kilómetros cuando viró en redondo, retomando otra vez su mano a toda velocidad.

—Quise ver si su mujer se había perdido de vista. Difícilmente hacen nada en debida forma, particularmente si se trata de seguir al marido, como en este caso.

Mi mujer venía dócilmente media cuadra detrás de nosotros y mantuvo esa distancia hasta que llegamos a Vicente López, después de periódicas vueltas en redondo. Llegamos sanos y salvos.

No nos esperaban, por supuesto. Quiroga embicó el coche hasta meterlo en el garage del galpón, en el fondo de la casa. Pronto se animó una conversación muy cordial. El chalet era una especie de bungalow destartalado, con moblaje rural, y el garage-galpón-living era una tienda de antigüedades, donde no hubieran desentonado un helicóptero y un esqueleto de dinosaurio.

En el enorme patio estaba la casilla del coatí, animalito sociable y cariñoso a quien Quiroga presentaba con la misma ceremonia que a un miembro de la familia. En la casa vivían con el matrimonio los hijos de la primer mujer, Eglé y Darío, y «Pitoca», de pocos años, su último amor. Los hijos mayores habían salido y no vendrían a almorzar. Era más de la una. Quiroga decidió ir al almacén para traer algunas vituallas, y al rato volvió cargado de paquetes y botellas. Las mujeres prepararon algo que pudiera representar el almuerzo. Mientras tanto tomamos unas copas y jugamos con el coatí, que permanecía atado a una cadena de eslabones gruesos. Ambos se conocían bien, pues Quiroga y el coatí entablaron un diálogo de mimos y mohines. Cuando Quiroga lo soltó, el coatí se le echó encima derribándolo. Jugaban como dos animalitos o dos criaturas. Pitoca saltaba de alegría y nos convencía de que estábamos en el paraíso de la Tierra Purpúrea. Habían desaparecido hasta las más tenues nubes de la tempestad matutina; y así fuimos nosotros a la mesa y el coatí a su cautiverio ignominioso.

Éramos cinco y las sillas también eran cinco. Esto no ocurría con las copas ni con los cuchillos. Servilletas y repasadores se usaban en común. La vajilla era muy despareja; piezas únicas de diferente procedencia y edad, algunas de ellas restos fósiles de un pasado esplendor. A mí me tocó una copa con solo medio pie, de modo que tenía que sostenerla con una mano o apoyarla contra la panera o la botella, vigilándola. Comimos, bebimos, reímos, hablamos y volamos más allá del tiempo y del espacio. El café, que hizo Quiroga en un artefacto de alquimia, con caldera marmita de vapor, tubería y canilla, estuvo exquisito. Y las palabras salían de nuestras bocas como mariposas doradas.

VII. Quiroga en pantuflas

Hacía más de una semana que no nos encontrábamos con Quiroga. Para dieta de retraimiento era mucho. Supe que estaba con gripe y malhumorado, además, por impertinencias en el empleo. Fui a visitarlo el sábado, una tarde luminosa y sofocante de primavera.

Como nadie me atendió al llamar, penetré hasta el vestíbulo golpeando las manos. La voz de Quiroga, en alguna parte:

—«¡Adelante!»

Lo encontré en cama, leyendo una novela policial en edición de bolsillo, en inglés. Excepto algunos vecinos de Vicente López, nadie había ido a visitarlo, de modo que le sorprendió que me hubiese acordado de él. Todavía no declinaba su estrella, aunque había pasado el cenit; pero muchos admiradores iban retirándose y se limitaban a mantener con él un trato de camaradería gremial.

—Una gripe, compañero, de las que me agarran siempre al comienzo del verano.

Quiroga era muy friolento y hogareño, de modo que la gripe le ofrecía coyuntura decorosa para quedarse en casa leyendo, arropado hasta el cuello. Estaba muy animado y charlamos como si los dos tuviésemos fiebre. Cayó la noche, estallaron truenos inesperados y comenzó a llover. Estábamos locuaces, contentos de estar solos, y Quiroga dirigió la conversación con la intrepidez con que guiaba la moto o la voiturette. Muchas veces se refirió a una canoa, nuevo modelo, que estaba construyendo. Le confesé que aún no había llegado a comprender por qué se mantenían a flote los barcos. Debo de haberlo desanimado de su intención de mostrarme la canoa, porque me contó esta anécdota: Lo fue a visitar en San Ignacio el viajante de una casa de máquinas. Hablaron de motores. Por la conversación, Quiroga infirió que su interlocutor era entendido en mecánica. Terminaba de hacerle un arreglo a su coche y lo llevó al garage. Levantó la tapa del capot. El visitante, sin parpadear, escuchaba con suma atención las indicaciones que Quiroga le hacía sobre las diabluras del motor. Se trataba de un arreglo que le había hecho al suyo, digno de un mecánico profesional. Quiroga explicaba con aire doctoral dónde encontró la falla. El viajante no pudo contenerse:

—¿Y esto?

Señalaba el carburador. Quiroga enmudeció. Bajó la tapa del capot, llevó a su visitante al living y, poco después, a la puerta de calle.

Las horas volaban, apenas nos quedaban cigarrillos, seguía lloviendo y no habíamos tomado ni una taza de té. Decidí, con insistencia, marcharme, pero Quiroga no había terminado de desarrollar algún tema relacionado con su proyectado regreso a Misiones, que íbasele demorando. Insistí en irme, pues era ya medianoche y me quedaban dos horas de camino hasta Lomas. Encontró una coartada:

—¿Usted entiende algo de canoas, o no?

—Más o menos como el viajante de motores.

—Pero esto es distinto; aquí se trata de lógica y de sentido común. Venga, me va a dar su opinión de profano. Considérela como un objeto artístico. Esto tiene relación con su ebanistería.

Saltó de la cama con el camisón hasta los tobillos, se puso las chinelas, encendió una vela y echó a caminar resueltamente por el patio. Lo atravesamos; él con la palmatoria, adelante, y yo detrás pensando que formábamos un cuadro ridículo, bajo una lluvia fina y sin paraguas. Llegamos al galpón, depósito de los artefactos y materiales más disímiles, en cuyo centro destacábase con elegancia de ninfa la canoa. Era, en efecto, una obra de arte. Apoyó la palmatoria y con aire de iniciado comenzó a describir su última obra maestra, tratando de revelarme los secretos de la ciencia oculta de los astilleros.

—Vea la elegancia de esta línea; tiene su razón útil de ser, además porque en náutica todo lo que no es absolutamente indispensable está de más. Cuanto más simplifica usted la forma, más sólida es y más hermosa. Esto no es un bote, es un delfín. Las curvaturas de estas costillas que, como usted ve, arrancan de la proa, etc.; la quilla está matemáticamente, etc. Estuvo una hora ilustrándome, hasta que el bote llegó a parecerme un portento de la sabiduría antigua, de los grandes navegantes. Súbitamente, como bajó el capot del auto en las narices del viajante, Quiroga sopló la vela y echó a andar atravesando a oscuras el patio hasta el dormitorio. La familia había vuelto ya de Buenos Aires. Quiroga se metió en la cama, como si estuviese satisfecho de haber terminado la escena de un cuento, sin importarle que lo hubiera yo entendido ni el grado de mi admiración. Creo que cuando me despedí, ya se había dormido.

VIII. Sinfonía patética

Durante su internación en el Hospital de Clínicas solo dos veces Quiroga fue a almorzar a casa. Ese día lo esperábamos y yo llegué algo tarde de la oficina. Era un hermoso sábado de noviembre. Al entrar, encontré a su mujer y a la mía llorando.

—¿Qué pasa?

—Horacio. Está hecho una fiera. Hace una hora que se ha pegado al vidrio de la ventana sin hablar.

—¿Qué ha ocurrido?

—Preguntó qué había de comer, y le dijimos que le habíamos preparado el arroz que a él tanto le gusta. Contestó enojado que él no quería comer arroz y ahí está empacado contra la ventana.

Colgué mi sombrero, con tristes pronósticos, y fui a verlo. Despegó la frente del vidrio, avanzó hacia mí y me puso la mano en el hombro.

—Hermano (como si me dijera: «Hermano Francisco, no te acerques mucho...»).

—¿Qué dice, Quiroga?

—¡Qué vista magnífica tiene su departamento! Un panorama espléndido, de verdad: por allá el río, acá la plaza con ese ombú que debe tener como ciento cincuenta años. No sospechaba este belvedere.

Estaba reanimado, como en sus mejores momentos. Se trajo del mercado próximo algo para prepararle un menú especial. El almuerzo demoró un tanto y, al fin, nos sentamos a la mesa. Quiroga tomó su habitual cucharada de bicarbonato, poniéndose el polvo sobre la lengua y sorbiendo enseguida unos tragos de agua. Para nosotros el arroz; para él, no sé qué vianda para dispépticos.

—Arroz. Arroz a la parmesana con hongos. Ya saben que me gusta mucho. Déme.

Le sirvieron un plato y repitió. Estuvimos todos muy animados y Quiroga se complugó en relatarnos anécdotas de su viaje a París, siendo adolescente, y prometió regalarme las libretas con el Diario de ese viaje. Evocó las veladas del «Consistorio del Gay Saber», en su patria; se refirió a su vocación de ciclista y de fotógrafo; contó por repetida vez la anécdota del viaje de Lugones a Montevideo, en 1901, para asistir al Congreso Científico Latinoamericano; la devoción de sus admiradores, que mientras recitaba el poeta sus versos vestido de smoking, se ponían por turno su chaqueta, contados los minutos reloj en mano, etc. Tenía otra vez dieciocho años y su alma en flor.

Terminado el almuerzo, Quiroga se quitó el sobretodo, que había mantenido puesto a pesar del calor, y al colgarlo en la percha echó un vistazo fugaz a la habitación que le teníamos preparada.

—Voy a descansar un poco —y resueltamente se encaminó a nuestro dormitorio, tendiéndose sobre la cama con los botines puestos. Todos lo rodeábamos mudos; mi mujer con estupor, María escandalizada. Quiroga, de espaldas, con las piernas abiertas sobre la colcha, orgullo de nuestra humilde lencería, echaba humo como si se le quemara la barba. Al sonreír se le veían los labios finos, de coral. Solamente nosotros pensábamos en la ceniza.

—Estrada, ¿no tiene alguna música nueva?

—Precisamente ayer me trajo mi profesor dos sinfonías de Chaikovski: la Quinta y la Sexta, patética.

—Ponga una.

Seguía glorioso, feliz, bajo sus númenes angélicos, olvidado de sus terribles dolencias, de su vejez, de su soledad, de su fracaso, de su pobreza, con su vientre perforado por la cánula de goma y su ignorado cáncer.

El disco de la Sexta Sinfonía giró unas veinte vueltas. Quiroga fumaba nervioso, otro cigarrillo.

—Estrada, saque eso, por favor. No sé cómo aguanta usted esta música del demonio. ¿Tiene todavía «La Muerte de Isolda»?

—Sí.

—Póngala.

Escuchó extasiado. Guardábamos todos religioso silencio, más que ante la imponente partitura, ante la venerable beatitud de Quiroga. Entrecerraba los ojos, y terminó el disco cuando él arrojó la colilla. Una muerte con «mise en scene». Lo contemplábamos como a un ángel.

IX. Sociedad en comandita y desastre bancario

Una cuestión previa a resolver era la de qué haríamos de provecho, cuando viviéramos en nuestros territorios soberanos en San Ignacio. Quiroga con sus plantas y sus canoas; yo con mis insectos y mi violín. Conversaciones, comentarios, discusiones y debates sobre libros y autores; música; cerámica; análisis de partidas de ajedrez. ¿Qué más? Teníamos que trazarnos algún plan concreto.

Una tarde, en el Hospital de Clínicas, lo encontré muy animado. Me saludó:

—Buenas, hermano capitalista.

Me sorprendió el recibimiento. Dije algo. Quiroga echó mano al paquete de cigarrillos baratos, siempre sonriendo de su travesura, encendió uno y, después de una pausa larga que yo no sabía como limitar, cohibido por el recibimiento, explicó:

—De algo tendremos que vivir. Ni su jubilación, que sospecho que va a ser bastante miserable, ni mi pensión del consulado nos van a alcanzar para algunos pequeños lujos, como por ejemplo: reparación del motor de la canoa, un disco para la fonola, algunos libros en francés y en inglés, que son caros. No sé si usted ha pensado en eso alguna vez. Yo sí. Ahora voy a hablarle seriamente de un proyecto del que le anticipé algo por carta; pero no creí oportuno exponerlo en detalle. Se trata de una pequeña industria, por decirlo así. Anoche lo he madurado bien.

Fumaba despaciosamente, con voluptuosidad, y el humo se le derramaba sensualmente por entre las hebras sedosas de la barba y el bigote. Miraba al techo, como si lo que me estaba exponiendo fuera una revelación trascendental.

—Usted es un hombre de plata y será el socio capitalista; yo el industrial y técnico al mismo tiempo. Vamos a explotar un negocio que puede hacernos ricos a los dos en poco tiempo. Es esto: fabricar extracto de naranja. Ya usted conoce en principio mi idea, pero ahora no se trata de un cuento sino de una empresa. Conozco un procedimiento para deshidratar la fruta y reducir su volumen a una centésima parte. De modo que en una damajuana de diez litros pueden caber cinco mil naranjas deshidratadas.

Estaba yo sentado a la cabecera y lo escuchaba con curiosidad e inquietud. Mientras me hablaba imaginaba yo grandes maquinarias, enormes alambiques, calderas, tuberías de bronce y caucho, operarios, camiones cargados yendo y viniendo, vagones de ferrocarril.

—En vez de damajuanas de vidrio, se pueden usar recipientes metálicos, de aluminio, digamos, inatacables por los ácidos del citrus y muy livianos. Todo esto lo he consultado con un químico competente, un bohemio, de San Ignacio, a quien no le he revelado, sin embargo, el secreto del procedimiento. Me pertenece con exclusividad. Calculo que si la naranja así conservada, que con solo agregarle agua recupera su natural sabor y sus propiedades vitamínicas, se pone de moda en lugar de otras bebidas alcohólicas artificiales, tres confiterías solamente: El Molino, el Ideal y el Jockey Club, pueden consumir por mes hasta veinte damajuanas, o sea, doscientos litros de naranja sintética. Podemos obtener en plaza un precio hasta veinte veces superior al costo, incluidas la materia prima y la elaboración, más el transporte por ferrocarril y camión hasta el domicilio de los clientes.

—Y todo eso, ¿qué capital exigirá?

Quiroga arrojó la colilla y extrajo otro cigarrillo, «Chesterfield»; lo encendió y, antes de responderme, absorbió varias bocanadas de humo que esparció abriendo la boca. Yo atesoraba, intacto todavía, el dinero de los premios, que reservaba, por cierto, para cuando fuéramos a vivir a Misiones. Esa suma, que hasta el momento me había parecido fabulosa, se me redujo en la imaginación a poco más que unos cobres.

—¿Tiene lápiz y papel? Ahora se trata de números, porque hay que proceder con espíritu mercantil e ir sobre seguro. Yo soy hombre práctico.

Por primera vez durante el diálogo me miró con fijeza, siempre sonriente, escudriñándome por si descubría en mí algún aire de incredulidad. Se puso las gafas, solemne. Hizo algunas anotaciones, número, cuentas, tranquilamente, mientras a mí el corazón se me saltaba del pecho. No es que desconfiara de su idoneidad industrial o mercantil; dudaba, sencillamente, de mi capacidad de resistencia financiera en mi carácter de socio capitalista.

—Yo creo que para empezar, con las instalaciones indispensables, vamos a necesitar unos dos mil pesos.

Permanecimos en silencio. Yo estaba abochornado de mi temor; Quiroga me miraba furtivamente mientras derramaba el humo por su barba, como quien espera el fallo de un Banco al que ha solicitado un crédito muy importante.

—Con eso no vamos a tener ni para las da majuanas, Quiroga, le objeté.

—Eso es asunto mío, la administración y la explotación. Usted se limita a aportar el capital, si se decide afirmativamente. Todo se hará con contrato, para el caso de fallecimiento. Las ganancias, por partes iguales.

A esta altura del diálogo llegaron Eglé y Dado trayéndole unas frutas. Poco después María le trajo una flor y enseguida mi mujer llegó con el postre. Quiroga estaba de humor financiero-económico, pero de un salto pasó a otro diapasón, como si debiéramos ocultar el secreto a los profanos. Conversamos de temas triviales.

El matrimonio estaba invitado para asistir, noches más tarde, a una fiesta en casa de Rébora. María tendría que estrenar zapatos y un vestido, que había terminado ya la modista. Hacía falta algún dinero. El iría con su ropa vieja, pero no quería que su mujer quedara menoscabada ante otras personas. Pidió que le alcanzaran su valija de fibra, que contenía todo el ajuar que trajo de San Ignacio: una muda interior, dos camisas, a una de las cuales le faltaba el botón del cuello, agujas, botones, pañuelos, medias y poco más. Ahí había guardado el cheque del consulado, para el cobro de la pensión. Abrió la valija y empezó a buscar. Todos lo observábamos ansiosos, porque de pronto le acometió una angustia jadeante, al no encontrar el cheque.

—Ayer lo puse aquí. No se habrá escapado.

El millonario en cierne descendía a la más prosaica contabilidad de centavos. Estaba muy nervioso, y su nerviosidad se acrecentaba a medida que la búsqueda resultaba estéril. Removía las ropas colocando arriba las de abajo, metía la mano, revolvía los trapos y los apelotonaba violentamente. Su cara daba miedo, congestionada de ira y furor. La mujer, los hijos y nosotros temblábamos.

—Lo puse aquí; estoy seguro. Y tras una pausa estos trabucazos:

—¡Una g. pág. c.! Silabeaba las palabras obscenas: ¡una g. pág. c.!

Extraía las camisas, las sacudía a un costado de la cama, miraba si había caído el cheque y nos contemplaba a todos. Volvía a colocar las cosas en la valija, que ya era todo un revoltijo de ropa y de malas palabras, siempre las mismas, que se le habían automatizado. Era indudable que se estaba escuchando a sí mismo, y hasta que asistía como espectador a esa escena tremenda y grotesca. Después agregó a esas interjecciones, otras:

—Ladrones, g. pág. c.; me han robado. Ladrones, asaltantes.

Recuerdo que pensé entonces: revuelve su va lija porque es su mundo; le pertenece sin participación de nadie, mujer, hijos, ni amigos. Esto sí que es sentirse solo. En ese territorio tan pequeño —la valija— manda él y por eso la revuelve así. Si le han extraído de ella el cheque, el hecho equivale a una invasión. Seguramente lo que lo aflige y enfurece no es la pérdida del cheque —nadie puede cobrarlo— sino que le han invadido sus dominios, el último recinto de una propiedad inexpugnable. Recuerdo también que pensé: Está buscando el che que, pero ya lo ha encontrado. No quiere reconocer su derrota ni que todo este gran guignol deba quedar anulado, con un fin frustrado, y acaso dan do explicaciones al auditorio.

Se escuchaba, se observaba y se complacía en el estupor que nos causaban sus palabras y su sobreexcitación. Es seguro que mientras profería aquellas palabras, impropias de un destilador de naranjas y hasta de grappa, Quiroga pensaba qué desenlace podría tener la escena, considerada objetivamente, como de un cuento. El hallazgo del cheque habría sido un grosero «happy end». Unos minutos duró la tremolina. Oscurecía. Unos primero y otros después, salimos y lo dejamos solo para que terminara de desahogar su furor. Ni al día siguiente ni en adelante se habló del cheque ni de las naranjas.

X. Economía

La estrechez económica era la situación normal de Quiroga. Sobrellevaba su penuria pecuniaria con idéntico estoicismo que los demás rigores de su destino. Un poco más de holgura y de comodidad hubiera significado para él estímulo importante, sin duda; mas no pensó en cómo ni hizo nada práctico para conseguirlo. Las cosas que se le ocurrían para ganar dinero por medios decorosos, de más está decirlo, rayaban con fantasías descabelladas. Acaso porque la forma sensata de enriquecerse por lo general es depredatoria o vil —casi siempre las dos cosas—. Le habría bastado con transigir con el pésimo gusto del lector corriente, como sus afortunados colegas, ejercer el periodismo asalariado, colocarse a sueldo de alguna editorial o aceptar cualquier otra servidumbre por el estilo, y habría encontrado comprador. Esos caminos de recua le eran desconocidos, y toda su vida prefirió la mandioca a las lentejas. Ni escribió jamás una línea para ganar dinero, ni adecuó un relato al paladar de los directores de publicaciones para que no se lo rechazaran; no mendigó fama ni fortuna. Su artículo sobre Poe, en *Caras y Caretas*, es su profesión de fe. Tampoco se esforzaba por producir, aunque necesitara de los pesos adicionales de las colaboraciones. Lo cual no quiere decir, ni cerca, que fuera un escritor iluso, que profesara el arte por el arte o que considerara venal el trabajo intelectual retribuido. Lugones y él fueron campeones de los derechos del trabajador intelectual y para su defensa se fundó la Sociedad Argentina de Escritores. Desdeñar el estipendio fue signo de linaje y de mérito de nuestros rastacueros de las letras, cuando escribir formaba parte de las buenas maneras de la sociedad. Como escritor, Quiroga se consideraba un proletario expoliado. En una carta me hizo una confesión extra ña, que no me alarmó ni rebajó un punto mi admiración por su probidad y desinterés:

> Valdrá la pena exponer algún día esta peculiaridad mía (desorden) de no escribir sino incitado por la economía. Desde los veintinueve o treinta años soy así. Hay quien lo hace por natural descarga, quien por vanidad; yo escribo por motivos inferiores, bien se ve. Pero lo curioso es que, escribiera yo por lo que fuere, mi prosa sería siempre la misma. Es cuestión entonces

de palanca inicial o conmutador intercalado por allí: misterios vitales de la producción, que nunca se aclararán.

Exigía lo que creía merecer, y dejó de publicar en un diario cuando halló excesivamente baja la tarifa de sus trabajos. Finalmente renunció a la miserable regalía de sus escritos, que le habían reportado —me dijo—, un promedio de treinta pesos mensuales a lo largo de treinta y cinco años de producción —¡y de qué clase!

Las revistas le rechazaban sus artículos y las editoriales rehusaban sus obras, que no se vendían; «Babel» las editaba en tiradas de quinientos ejemplares, que dormían años y años en los estantes. Se le regateaba el precio de sus cuentos, que con el descenso del nivel de todos los valores de cultura, iban desvalorizándose en el mercado de abasto de las letras. Piénsese cuál sería su situación hoy. Llegó a perder todo interés por la propia obra, casi a detestarla, mortificándole que se le recordara ningún pasaje, resultado inevitable de regar con la propia sangre una planta exótica a la que el clima y la tierra le niegan su alimento. (Gustaba cultivar plantas exóticas.) En fin, dejó de escribir.

Conocía, ¡y por qué dura experiencia!, el valor del dinero; cuántas puertas abre en la tierra y en el cielo; qué poca cosa es el hombre pobre por genio que tenga, y qué oficio de rameras es el de trabajar para la celebridad o las palmas académicas; pero prefirió privarse de menudas satisfacciones y dejar volar sobre sí los caranchos de Minerva. Ni llegó hasta el fin de sus días a tener aloja miento cómodo, seguro el pan, tranquila la vejez, ni logró retribución de ningún género apropiada a sus méritos. Se conformaba con las migajas que caían de los grandes festines, como los pájaros:

> No sé si le dije que de Montevideo me escriben anunciándome la gran probabilidad de ser premiado. Bien está, así sea un tercero. Parrilla más o menos no afectaba a Guatimozín (creo que es con z el tal nombre). Dícenme también que me deparan con casi certeza una sorpresa muy halagüeña para mí, sí que merecida. ¿Qué será ello?

Sin una biblioteca que pudiera llamarse tal, vestido con ropas y calzado de pobre, remendadas por él muchas veces, intoxicándose con tabaco ordinario, altanero en su penuria, considerábase en posesión de bienes que le pertenecían por derecho natural, y tenía muy clara conciencia de ello. Carecía exclusivamente de lo que no deseaba tener. En este sentido también era un asceta de la vida (como fue un misionero y un mártir). A su modo, cumplió el precepto evangélico de no dar al César lo que es de Dios.

No lo doblaba ni la más conminatoria necesidad. Hubiera podido auxiliar a los suyos, evitarles la más deprimente necesidad, y su tristeza era, no el carecer para sí cuanto el no tener para los otros. Prefirió la rueca y la cabra.

Podía prescindir de lo necesario como si fuera superfluo y recuerdo cuánto me impresionó la vez que me dijo:

—«Es posible que el resto de mis días tenga que llevar esta goma en el vientre y este depósito; pero si puedo seguir trabajando, no me importa». Asimismo al anquilosársele dos dedos de una mano. Todo él se había reducido a lo indispensable. Esa clase de virtudes de humildad y resignación, que no lo son siempre en otras personas, lo diferenciaban de los hombres honrados cuanto sus méritos de escritor de los hombres de letras. Prendas de por sí acaso de mediano valor, pero que revelaban una categoría humana de ser, excelente por complexión, superior por voluntad de los dioses.

Después de estar con él algunas horas, el mundo de la calle, el que transitamos, se nos aparecía sórdido y feo. ¿Qué poder había en él que aclaraba y fortalecía? Sin denotar jamás la falta de lo que no tenía, arrastrábanos en sus alas de fuego a regiones donde las almas hacen sus trueques de joyas y juguetes con la misma indiferencia que los niños. Sentíamos la urgencia de despojarnos de lo poco que teníamos sobrante. Siempre se tenía ante él la certidumbre de un hombre excepcional, tallado en madera incorruptible, diferente a los demás; y transmitía fuerza como el santo santidad. Nunca he sentido que fuera yo tan poco como cuando comprendía que aún me era posible renunciar a muchas cosas inútiles y de gran valor.

XI. Los trabajos y los días

Los trabajos manuales eran para Quiroga derivativo, asueto y paréntesis al mismo tiempo que una necesidad física y moral. Gandhi ha expresado muy bien el perfeccionamiento de toda índole que el obrero obtiene de su obra, en el sentido de que ésta le restituye lo que de él recibe. Es el alfarero quien recibe un bien de la vasija. Quiroga tenía sentido vital y no deportivo del trabajo. Hallaba en el trabajador manual una condición humana excelente. También me estimaba por esto:

> Mas por bajo de su excesivo sentimiento de responsabilidad de que hace usted gala, ¿es cierto o no que en una temporada de campo hombreó usted bolsas con gran éxito? Si esto —o cosas similares— las hizo usted varios días, con igual sentimiento de fortaleza, ¿no puede usted haber conocido allí su camino de Damasco? ¿Analizó usted bien su situación de gran conformidad con la línea natal que lleva en paz hasta la muerte? Vuelva a pensar en aquello, que vale la pena.

El trabajo era para Quiroga una especie de ascetismo benedictino mediante el cual se aislaba del mundo y de sí mismo: renuncia a pensar, negación de sí, penitencia purificatoria por excesos del espíritu, ansia de muerte. Tal le acontecía asimismo con el nirvana de las lecturas especiosas.

> ¡Qué magnífico si un día pudiéramos reunirnos a trabajar de día —sabe Dios en qué—, mas de noche en violines, muñecos, trampas, bumerangs, tranqueras livianas —y sentirnos a dúo porque nos hemos acordado por ahí de Brand.

Porque tenía el placer de construir, de hacer, de ensamblar, de ajustar, de dar forma, de crear. Era un artesano y esto puede aplicarse con estricto rigor a la factura de sus cuentos y a su prosa. De no haber sido hombre de trabajo, ¿qué otra forma de aniquilarse habría encontrado?

El género de vida que llevaba en Misiones da idea de su índole más secreta, de su condición de hombre primario. Si en sus extensas cartas me describía minuciosamente cada jornada, es porque consideraba que lo más importante —lo más significativo— estaba en esa disciplina que concordaba con su auténtico ser. Era su diario íntimo, tan apasionado como el de Amiel. Lo que haya de trágico en su actividad afanosa, arrojándose fuera de sí con denuedo, reaccionando a intervalos para salvar su personalidad de excesos, es materia para otras cavilaciones.

Con egoísmo inofensivo encuentra placer en bastarse a sí mismo, en considerarse náufrago de un hundimiento en pleno océano. Piénsese en Thoreau:

> ¿Ha leído usted «Walden» o cosa así, de Thoreau? Es interesantísimo. Como usted sabe, Thoreau, compañero de Emerson, dio en considerar que el hombre debe bastarse a sí mismo, para lo que se fue a vivir solo a orillas de un lago, haciéndoselo todo él mismo. Cuenta muy bien sus trabajos. En particular su lucha con los ratones y para enderezar clavos, es magnífico.

Ya la cerámica o la encuadernación, ya la tala o el rozado, ya el calafateo o las refacciones del bungalow, ya la costura de su ropa o la lucha contra las hormigas. Vivía como el caracol en la casa que se había construido con su propia forma, y en los últimos meses, cumplido un ciclo, volvió a encontrarse en la situación de «paria de las islas», como treinta y cinco años atrás. Era la tercera soledad. Ahora, menos que nunca, su temperamento vivaz, inquieto, no le permitía el ocio ni la holganza. Temía caer en sus abismos diurnos y nocturnos, en el recuerdo, en la realidad. Cuando al fin decidió renunciar definitivamente a la literatura, halló en la ocupación incesante de sus manos idénticos goces que en los de su imaginación.

> Hacer, amigo mío. Somos hombres; no hay que olvidarlo.

Daba al trabajo el mismo sentido que todos los grandes hombres que lo han considerado un deber natural, necesario y obligatorio. Por supuesto, tratándose de Quiroga, toda la retórica y la apologética del trabajo, lugar común de demagogos y sibaritas urbanos, ninguna similitud tiene con su amor a la acción desinteresada y ritual. Trabajaba como escribía, dije: como buen artesano, a conciencia, *con amore*. Concluía su obra hasta los mínimos detalles y no solo gustaba de hacer las cosas, sino hacerlas lo mejor posible.

Machihembrar dos tablas, clavar debidamente un clavo, cepillar un listón como Dios manda eran para él obras de arte y de conciencia. Con la misma ingenuidad me preguntaba si creía yo que Baudelaire y Flaubert habrían sido grandes ebanistas, que si había leído yo en alguna parte que San José de un solo golpe de garlopa sacó trece rizos de viruta. Su preocupación era si podría yo llevar un tren de trabajo intenso con él, en San Ignacio, porque juzgaba accesorio todo lo demás para andar de acuerdo. Este es el valor que tiene, en su correspondencia, la información minuciosa de sus trabajos y sus días. Me comunicaba su tarea cotidiana como si se tratara del proceso de una novela, haciéndome copartícipe anticipado de su gozo como de un bien del cielo, entre árboles y gentes sin desbastar:

Cuando hablo con gentes sencillas de alma e intelecto extraño un poco al hermano decididamente intelectual, para comentar tantas y tantas cosas.
...Ayer he tenido un día provechoso; rozado en el parque, esta vez a gran machete, porque se trataba de desmontar; puesta en tierra ananás de Pernambuco; visita a Estación Experimental de Loreto, donde usted sabe tengo buenos amigos; regreso con una gravilea, un calistemo, un rakú (productora esta esencia del único colorante vegetal resistente), y dos plantitas logradas de semillas traídas de Dakar, productoras de magníficos racimos de flores rojas. No sabemos qué son. Hoy hice una cosa pía: el caño colector para la gran piscina de 61/2 m que acabo de hacer. Lo planeé para diversión y baño de la nena. Tal vez un día vuelva a bañarse aquí cuando yo haya muerto.
...También a mí me ha tocado mi sábado. Desde hace días ando flamante, brioso y dado de lleno al trabajo de esfuerzo. Ayer hice de las mías. Desde días atrás me había propuesto desmontar yo solo un pedazo de monte para completar el parque (de aquí el macheteo de golpe, de que le hablé). Comencé a una o dos horas diarias, hasta que ayer estuve de 7 a 10 1/2 y volví cansado. Pero el diablo me tienta con el monte. Regresé así a las 12, y si Lenoble no me va a buscar para que viera unas semillas tropicales que le llegaron de Francia, hubiera quedado hasta la noche. Claro, retorné más cansado aún que de mañana, y temí una recaída. Mas no; dormí bien y esta madrugada estaba otra vez allí, hasta que la lluvia me desalojó. Pero viera

usted el gozo de ir abriendo el monte y sentir que la vista y el alma penetran en las tinieblas. Entra bruscamente el Sol, y lo que es hoy detritos de lianas y bromeliáceas podridas, será este verano césped bajo, bien podado por el petiso y el ternero de la sirvienta. Por allí el césped es motivo de alarma. Aquí es un asunto vital: destierro de víboras, alimañas; alimento para el ganado, perspectiva para la vista, etc.

Bien: volví, pues, y en el taller comencé a fabricar platos de portland para las macetas del living, porque sabrá usted que el modo de regar plantas en macetas es colocar éstas sobre altos platos donde se echa el agua. Por capilaridad, la tierra bebe; no siendo así, de otro modo nada se consigue, porque la contracción constan te de la tierra, deja un espacio entre aquélla y la maceta, por donde se escurre estérilmente el agua. Esto lo aprendí solo (lo del plato). Los fabrico de portland: arena, 2, portland, 1; cal, 02. Sobre un molde de tierra prensada en un plato de hierro esmaltado, y los torneo en el platillo de un viejo fonógrafo.

...Hoy tuve un día fecundo, sano y activo. Por levantarme, me levanté a las S, una buena hora antes de aclarar, pues el tiempo sigue lluvioso. Enciendo el farol, pongo unas tacuaras en la chimenea, y leo hasta que la sirvienta, sumamente madrugadora, llega con sus tres mates chirles. Así concluí, y bajo la ligera llovizna de todo el día, el alambrado que comencé a asentar ayer tarde. Ciento treinta metros, más o menos, tres hilos, uno de púa y heme aquí con un magnífico potrero, que es a la vez el parque en cuestión, donde hay, naturalmente, árboles diseminados. La vaca de mi sirvienta, su ternero y el petiso de la nena mantendrán la gramilla bien baja. Mas viera usted lo que es dicho parque con sus hondonadas y su vista doble al Paraná.

...Verá mi día, el de hoy: 5.45 a.m.: Me levanto, tomo tres mates flojísimos, asunto de excitar el hígado. Enseguida, a rastrillar el ensanche del jardín —45 x 22 mts.— que hice arar ayer, y donde he puesto 17 frutales que compré en Bonpland. 6.30: desayuno. 6.40 a 8: en el parque, macheteando el yuyo que invade la gramilla; ¡Viera mi parque! Lo verá, y pronto. 8 a 10: arreglo del taller, muy desordenado desde hace tiempo, 10 a 11.30: vuelta a rastrillar. 11.30 a 11.45: almuerzo (batata cocida, sopa, un pequeño bife a la plancha, bananas y mandarinas). 12 a 13: en el parque. 13 a 14: apronte de elementos para calafatear y arreglar la canoa. 14 a 16: en el río con la canoa.

16 a 16.30: otra vez al rastrillo. 16.30 a 17: baño y cambio de ropa; tenue de tennis como en Vicente López. Todas las tardes, al concluir el trabajo, me pongo pulcrísimo de punta en blanco. 17: llega Lenoble, mi yerno, que vive a trescientos metros de casa, tras una loma y que todos los martes toma té conmigo o cena, según los días. Hoy hemos comido: él mondiola, porotos en guiso, budín de galleta (mejor que de pan) y café. Yo otra vez batata asada, budín y café de malta. 17.30: voy al correo y al almacén a traer bulones de 2" para la canoa. (El pueblo queda a 1.700 mts. de aquí.) 18: enciendo el farol de nafta y arreglo un poco la radio, con radiotrones que he traído del pueblo para ensayo. Lenoble lee diarios. 19: comienzo a escribirle, amigo, y hace un instante pasan el noticioso de *La Prensa*...

...Otra jornada, la de hoy. Me levanté a las 5.50. Intensa bruma que pronostica aquí Sol radiante más tarde. Nada de esto. Se alzó a las 11, pero dejó una capa de nublado bastante frío. Al salir el Sol, fui tras desayuno, a proseguir la guadaña a machete de los yuyos del parque. Tras eso, siempre la rastrillada del ensanche del jardín. ¡Pero qué rastrillada! Hay que sacar todos los yuyos enterrados y amontonarlos entre plantas, a cuyo pie irán un poco más tarde a formar mantillo. Tras ello, rastrillar y rastrillar para dejar bien nivelado el terreno (los daños de la erosión del suelo son aquí enormes), sacando de aquí, rellenando allí, etc.

...Entré, pues, al buen humor de la estufa, a repasar y reformar alguna ropa que escapa a la sabiduría de mi sirvienta. Soy un gran cosedor, como sabe. Con esto, la hora de almorzar. Me repuse algo, luego, pero inhábil para trabajo de esfuerzo. Volví pues, a mi costura, esta vez de filtros de bombasí para la cafetera. Hice una obra maestra, que ya verá. Hacia las 15 me repuse y fui a lidiar con las hormigas, surgidas como por ensalmo a un fugaz golpe de Sol. Pero la máquina fumigadora estuvo un mes al cuidado de un chico, que ya no tengo, y tuve que limpiarla en forma. Total: no fumigué.

• • •

El mismo día; las 18.50. Comienza a llover. Después de almorzar; siempre por aquello de que la única cura para estados como el mío es el trabajo, fui al río a proseguir con el arreglo de la canoa. A pesar de la fatiga de la cintura, me dediqué a fatigarla más calafateando las juntas laterales, bien doblado, pues la canoa está en tierra y sobre la tierra. No me fue mal por eso. Antes bien, poco a poco comencé a sentirme mejor, moral y físicamente, hasta hallarme de pronto sentado sobre la borda, mirando tranquilamente el extraordinario río, manchado a retazos lóbregos y centelleantes por la amenaza de tormenta.

Esta es la vida y ésta la manera de contar de un gran escritor. Esfuerzo, sencillez, vigor. Se estimaba a sí mismo por la cantidad de rendimiento efectivo que podía producir. Pertenecía a la raza de los demiurgos más que al gremio de los trabajadores. Con ese modo de ser, encontraba las más inverosímiles relaciones entre las cosas y hasta los objetos de arte se le presentaban bajo el aspecto primario de obras de ingenio, aplicación y perseverancia:

Vuelvo a pensar en los violines. Me parece una cosa maravillosa para usted, ¡constructor de su propio violín! Es un hallazgo. Ya lo creo que lo ayudaré a buscar maderas. Una vez, en la buena época de Giambiaggi, nos dimos a hacer un torno de ceramista: tanto lo perfeccionamos que concluimos construyendo uno con embrague. Era una maravilla. Mas no logramos hacer vasija alguna. Es un oficio que requiere mucho aprendizaje. Lo que podemos también hacer algún día es aprender el oficio de fundidor para pasar a metal mis muñecos o cualquier otra cosa. Noble tarea. Muchas cosas podemos hacer, hermano menor.

Así como lo es Brand, el constructor Solness es un doble de Quiroga. En una carta le sugerí yo esa secreta analogía, pues con él se podía usar de lenguaje sin reticencias. Tenía Quiroga, como constructor que él mismo era, un ideal por mitades sensato e ilusorio, hecho con escombros de otro ideal; una hipnosis de carácter heroico. Solness, otro alucinado de Ibsen, que hace del trabajo un ideal inverso, un refugio contra las tempestades de la vida. La Inés de Brand se llama ahora Ilda, y los papeles se han trocado. Solness posee un poder mágico y tremendo: la fe. Cuando la pierde y nace en él el desánimo —la envidia por la juventud creadora—, ha dejado en pie esa fe, que es ahora una mujer joven. Es ésa la fuerza que permite transportar montañas. Si Solness hubiera perdido la fe, Ilda sería fuerza suficiente para que pudiera seguir viviendo. Pero llega tarde, y cuando ella le pide el ideal de la gloria, el ideal de la fuerza, es para que se precipite desde el campanario de la última iglesia, que construye a su pesar. Como único comentario a mi referencia, Quiroga escribió:

> Luego entré a releer el «Constructor Solness», de Ibsen. Lo leí cuando era muy joven, sin comprenderlo. En su segunda lectura, hace unos meses, me di cuenta de un comentario leído en aquella primera lectura y que se titulaba: «Solness, o el Ideal». Tal cual. Es extraordinario.

Trabajar era para él pensar y no pensar, sustituir una forma discursiva por otra activa. No se trataba siempre de una técnica cuanto de un entretenimiento en que el ejercicio y la atención desarrollan silogismos manuales. También Gandhi —y otros antes— consideró al trabajo como una higiene mental, un deber social, una necesidad fisiológica primaria y una catarsis. Quiroga vivía y pensaba dentro de un orbe de civilización manual. Al fin y al cabo ése era un atavismo de la misma naturaleza de los otros muchos que se traslucían en sus cuentos, donde químicos, botánicos, ingenieros terminan convirtiendo en tornos sus fonógrafos. Pensándolo bien, como lo ha dicho Sanín Cano, las gloriosas etapas de la cultura se han realizado como civilización manual.

XII. Literatura

Hacia 1930, Quiroga escribía muy poco, pero aún no había madurado su aversión a hacerlo. Producía lentamente, construyendo mentalmente el cuento hasta en sus menores detalles; una vez encobado lo trasladaba al papel sin que tuviera que retocado mayormente. Su último cuento es «El Hijo», el mejor, a mi juicio, con todas sus grandes calidades y muy de él. Yo había decidido no escribir más poesía, coronado de laureles de oro y amortajado de silencio por mis cofrades. Progresivamente, él y yo, llegamos a la certeza de que nuestra Campa ña del Desierto había terminado.

Charlábamos de literatura, empero; y ése fue el tema central de nuestras charlas en el Hospital de Clínicas. *Más allá* fue su último libro, y yo había jurado no publicar más, después de la condenación unánime por la «intelligentsia» de mi *Radiografía de la Pampa*. Nuestro retiro en la selva misionera era dejarles las colas a los cazadores.

Su desdén era tan grande como el mío por la cultura de fábrica. Iban sucumbiendo o esterilizándose los valores verdaderos, y avanzaba la ola de barbarie alfabetizada que pondría las letras en el nivel de la política. Era una caída en cascada que comenzó antes de fines del siglo pasado, en una crisis espiritual más que económica, que ahora marca una de las mínimas extremas. Nos proponíamos interesarnos en cosas baladíes e inevitablemente recaíamos en nuestros viejos amores de juventud. La verdad es que nos deleitábamos aún en la compañía de las venerables sombras de nuestras idolatrías.

¿Es usted, como yo, víctima del recuerdo? ¡De qué modo permanezco ligado poéticamente a lo que he vivido! Mis predilecciones literarias de mi primera juventud, persisten vívidas en mí, tanto que no me atrevería a juzgar libremente un libro de aquellos que han moldeado mi alma en base candente. Por esto no me atrevo a revisar el proceso de *Las Montañas del Oro* —ni quiero—, como el de cualquier felicidad que nos dio una mujer. No sé si en estas cartas le he recordado dos versos de D'Annunzio que me han parecido siempre extraordinarios —y tan míos:

Lontano come un grande, passato dolore.

Grande come un passato, lontano amore.

Todo yo está allí.

Quiroga recordaba con nitidez y seguridad sus lecturas, aun las de juventud, y había leído mucho y de lo mejor. No había en su erudición ningún diletantismo y se apasionaba evocando personajes y episodios como si terminase de cerrar el libro. Su conversación era estimulante, pues sus recuerdos formaban parte de su vida, y renunciar a la literatura en tal concepto habría significado la muerte. Siempre se sentía, oyéndolo, la presencia de los seres de ficción como reales e investidos de una sempiterna vida, que a él lo revivificaban, tal como la puso en ellos el ser que los creara. He aprendido de él lo poco que considero de valor en mis actuales idolatrías, tanto en el mérito efectivo de las obras cuanto en la técnica y el estilo del arte de narrar. Mediante su certero juicio cobraban relieve y color páginas que solemos dejar deslizarse como hiatos entre dos acontecimientos importantes; no se le escapaba ninguna intención velada, ningún recurso sutil del «métier». Distinguía la espontánea creación de la maestría del oficio.

Pirandello. Coincidimos felizmente sobre su grandísima habilidad escénica y carencia casi total de verdadera psicología. Juegos de ingenio psicológicos, verba simuladora de profundidad, todo esto en grande. Representa muy bien a esta época de decadencia, como la romana: epigramas retorcidos, hoy psicológicos, pero vacuos y deleitosos como los otros. Puédese valorar la capacidad de Pirandello leyendo sus cuentos y artículos. Muy bien, exponentes de fuerte agilidad, pero nada más.

Se aprendía en él la lección de que en un gran escritor nada es insignificante. Tolstoi cobraba por su taumaturgia su real, gigantesca estatura, sirviéndome en adelante de piedra de toque para distinguir la auténtica sustancia nutritiva del aderezo culinario con que el escritor, que suple el talento con la maestría, parodia la obra siempre gloriosa de la Naturaleza.

Muy bien lo de Frank. Yo vivo, y él no. Pero además es un hombre sin convicción. Yo dije lo contrario en *La Nación* porque no lo conocía. Es un simple bachiller de la Verdad: un retórico, nada más. ¡Qué bien Dreiser! Le dije a usted alguna vez que yo soy un poco material, y es precisamente esta carga de mi apresto mental lo que me permite ver claro donde otros ven telarañas. ¿Conoce usted la famosa discusión de Tolstoi con y en contra de Turgueniev, Bielinski y otros? Ya hablaremos de ello (hágame acordar), pues aclarará nuestro difícil concepto de Brand.

Recuerdo que una tarde, la única vez que hablamos de Balzac, hizo observaciones acerca de su clarividente intuición de la grandeza de lo insignificante, lo que representó para mí una revelación, el descubrimiento de «lo trágico cotidiano». Sus mercedes eran también muy humildes. Al separarme de él, sentía yo un bien en el alma, como si se hubiese abierto ante mis ojos un luminoso horizonte y estuviera en posesión de una llave secreta para gozar de tesoros ocultos hasta entonces. Barrió en mí los últimos residuos de una educación deficiente y académica, y la credulidad ignorante y escolar en la palabra de los críticos engañosos o en obras que deben su prestigio a la atrofia del gusto por los frutos silvestres. Hudson, de su devoción, completaría la deseducación, en la que, buena o mala, me encuentro satisfecho. El me inició en la lectura de obras desagradables, que había considerado yo de menor cuantía y fuera de los cánones del gran estilo, y extinguió en mí la lámpara mortecina de la poesía que había iluminado los lóbregos senderos de mi juventud. Por él conocí y gusté a los genios del hampa y la gitanería literarias: O'Henry, Bret Harte, Dreiser, Jack London, Sh. Anderson, Hemingway.
En sus días postreros de hospital, Quiroga devoraba libros de aventuras, Tarzán, historias salvajes y policiales.

Me interesan todos los estudios biológicos. Siendo ciencia, cualquier cosa. Tampoco leo mucha literatura, si no es relatos de interés punzante, tipo Wallace. Leo a éste cuanto pesco de él. Pero en verdad no leo sino cuando ando incapaz de trabajar. Como arte, releo uno que otro gran autor, a veces. Yo estoy en una edad, como decía el otro, en que no se lee; se relee.

—«Vea eso» —me dijo un día, sonriendo y señalándome sobre una silla una pila de novelas de la industria de la piratería editorial—; «trago ese alcohol desnaturalizado como un néctar». Pero entonces estaba refugiándose en los últimos reductos de su existencia atribulada, y necesitaba enervarse, morir. Literatura analgésica que además le complacía por no sé qué placer de saborear frutos agrestes y acaso por el gozo de la herejía. En las vigilias sin dolores otros eran sus manjares. De las novelas célebres que solíamos repasar en su argumento, demorábase con la misma gula en los personajes principales y en los secundarios, en los episodios dramáticos en que él distinguía matices muy velados, situaciones inadvertibles para el lector común, frases reveladoras de alguna psicología diabólica (mujeres y niños). Los grandes conocedores del corazón humano han dado preferencia al estudio de la psicología femenina, desde Eurípides hasta Dostoievski y Henry James. Aunque la obra de Quiroga es acentuadamente viril, sus observaciones inclinábanse de preferencia a hurgar en los vericuetos del alma de la mujer, y encontraba en ello una satisfacción sensual, por supuesto.

Comentando las obras colaboraba como autor inteligente. Sabía cómo el autor hizo el montaje de la obra, lo que había trasladado de un lugar a otro y por qué, qué era lo fundamental y si estaba bien que lo hubiese disimulado en un complemento circunstancial. Encontraba digno de un maestro el que Dostoievski desglosara de *Los Endemoniados* la confesión de Stravroguin, y celebraba que se hubiese atrevido a publicarla.

De *El crimen y el castigo* destacaba las figuras de segundo término: Pulqueria, Alexandrovna, Dunia, Svidrigailoff; de *Los hermanos Karamazov*, el capítulo de «Los Muchachos», en quienes encontraba la misma jerarquía dramática de los protagonistas.

Bien por Dostoievski. Sabe usted que es uno de mis dioses. El hombre que ha visto con más profundidad los subsuelos del alma. Descuello en toda su obra a *El idiota y Los poseídos* (Besi). Relef no hace mucho la primera de estas novelas y *Crimen y castigo*, con deseo de confrontar mis impresiones después sobre ambos libros. Como en mi primera juventud (creo haber sido el primero, tal vez en Sudamérica, que se empapó en Dostoievski). En «Historia de un amor turbio» se nota fuertemente su influencia (1907).

Si alguna vez pudiera reconstruir las lecciones resultantes de tales comentarios, habría salvado un tesoro de estética literaria. No puedo ahora sino indicar someramente la escena del atentado de Dunia, cuando dispara dos tiros de revólver contra Svidrigailov, y éste, que la ha incitado a descargar totalmente el arma, la toma de los brazos. Ella no lo repele, limitándose a decirle: —«Déjame» (lo tutea). Esto le parecía un hallazgo de maestro, y al comentarlo su rostro reflejaba la íntima satisfacción de descubrir un gran recurso disimulado. Así de *Pan*, de Hamsun, y de *El colono de Malata*, de Conrad, que prefería a todas las otras novelas, de las que recordaba situaciones y hasta diálogos, cuya exactitud corroboraba yo cada vez, pues me obligaba a releer las obras. Recortaba siempre lo importante de la masa multiforme del texto. Era infalible en el acierto de lo fundamental y en la valoración de los méritos que distinguen a un autor de genio de otro de mediano talento y mucha habilidad. Comparados con él nuestros críticos son de una zafiedad insultante. No hablemos de catar los productos adulterados. Un hombre de esa conciencia lúcida de lo auténtico y lo apócrifo, de lo positivo y lo falaz, ¿podía confundir la industria nacional con la gran prosa narrativa europea? ¿Qué significaba que le reprochasen de egoísmo, por no encomiar obras mediocres, autores inescrupulosos? Casi nunca mencionaba autores argentinos ni hispanoamericanos. Apreciaba a Payró, Lynch, Icaza, Rivera, Gallegos sin entusiasmo, y sus reparos me parecían atinados y equitativos. Lo que él buscaba siempre es lo que casi nunca se encuentra. En su tamiz quedaban las granzas que había que tirar y podíamos estar seguros de que no quedaba entre ellas un grano. Su repugnancia por otros autores formaba parte de su dispepsia; y acaso al revés.

Nuestras devociones eran casi siempre unánimes y discrepábamos sobre la interpretación más que sobre las obras mismas. No compartía yo muchos de sus puntos de vista, y tampoco él los míos, sin que esto significara mucho. Siempre que se tratara de obras narrativas, su posición era muy sólida y solo hallábale yo de objetable el apasionamiento, pues en numerosos casos era evidente que asociaba experiencias personales propias a la simple enunciación objetiva de los hechos ajenos. Mezclaba con harta complacencia lo real de sus vivencias y lo irreal de las novelas. Por lo general permanecía fiel a la impresión de la primera lectura, aunque lejana; signo de que dejaba en él huella indeleble, y de que sus dictámenes —siempre intuitivos— se basaban en lo permanente. Era admirable que retuviera tan copioso y variado material absorbido en libros y revistas, durante tanto tiempo y con tal precisión. Recordaba casi literalmente muchos cuentos de Maupassant y Chejov y todos los de Poe, uno de sus ídolos. Muchísimas veces acudía a Kipling y Hamsun, ya por la técnica de narrar, ya por la fuerza de la pasión, el amor a la naturaleza y el vigor de las descripciones. Sus vagabundos le encantaban. Tema insistente para nuestras conversaciones era Ibsen, que los dos reverenciábamos si bien por motivos distintos. Quiroga, como siempre, juzgaba por sí mismo con prescindencia de toda valoración preceptiva, dejando de lado las tesis tan frecuentes en sus dramas y las exégesis profesorales. Toda quintaesencia lo dejaba ileso. En la correspondencia tratamos de Brand:

...Brand: ¡pero amigo! Es el único libro que he leído cinco o seis veces. Entre los tres o cuatro libros máximos, uno de ellos es Brand. Diré más: después de Cristo sacrificado en aras de su ideal, no se ha hecho nada en ese sentido superior a Brand. Y oiga usted un secreto: yo, con más suerte debía haber nacido así. Lo siento en mi profundo interior. No hace tres meses torné a releer el poema. Y creo que lo he sacado de la biblioteca cada vez que mi deber —lo que yo creo que lo es— flaqueaba. No se ha escrito jamás nada superior al cuarto acto de Brand, ni se ha hallado nunca nada más desgarrador en el pobre corazón humano para servir de pedestal a un ideal. También yo tuve la resolución de Inés cuando exigida y rendida por el *todo* o *nada*, exclamó: «Ahora comprendo lo que siempre había sido oscuro para mí: "El que ve el rostro de Jehová, debe morir"». Sí, querido compañero. Y también tengo siempre en la memoria una frase de Emerson, correlativa de aquélla: «Nada hay que el hombre no pueda conseguir, pero tiene que pagarlo».

...El final de Brand. También yo me he quedado intrigadísimo con él cada vez que me he resuelto a releer Brand. Parecería en efecto que aquél es la negación del héroe. Pero no es posible que Ibsen recuse a su grande e íntimo personaje. ¿Qué, entonces? Queda lo más verosímil y triste: una concesión a la moral pública encarnada en el espectador. Tan, tan tirante se ha ido poniendo la cuerda, que al final Ibsen ha tenido un alarido bestial de repudio ante su Brand.

Conservo copia de mis objeciones, por considerarlas tan aplicables a Brand como a Quiroga, y en razón de su confesión de identidad. Este es el punto más doloroso, pues, de nuestras discrepancias. Le dije:

Brand es un fanático, que arranca su sistema de un ideal del dios bíblico, exigente e inmisericorde —el Jehová de Moisés, Abraham, Josué, Samuel y Gedeón— para convertir su ideal en Dios. Brand es la deificación de su fondo inhumano. Hay en él este fenómeno de suplantación: lo que él atribuye a Dios como su Voluntad es su voluntad oscura que se coloca en lugar de la de Dios. Es cierto que Brand vive y obra en función de esa supuesta voluntad de Jehová; pero en el fondo sirve a una idea terrible que brota del fondo de la pobre naturaleza sorda a la piedad. Brand es un sacerdote, un hombre cruel que necesita una doctrina para no horrorizarse de su crueldad. Y encuentra el Jehová destructor de pueblos. Inés, en cambio, es la mujer atraída por el ideal terrestre, el ideal de la vida que no debe ser falseado, ni siquiera con la idea de Dios; pero que también necesita creer en algo supremo. Inés cree en Dios, después de haber sido una mujer sensual en los amores con el pintor Eynart. Brand la deslumbra con su fanático valor. No teme la muerte, Brand, cuando hay un deber que cumplir. Pero ese deber que fascina a Inés todavía es terrestre y ella lo puede comprender. Hay que socorrer a un infeliz. Inés cae bajo la fascinación de Brand y ese Dios del que ella dice que no se le puede ver el rostro sin morir, está en Brand. Todo o nada. Brand encarna a Dios; es un Mesías.
Pero hay aquí algo muy interesante, y es que en contraste con el Dios mónera de Brand, Gerd tiene un dios pánico. Cuando Brand quiere construir un templo mayor que el viejo, Gerd quiere las montañas coronadas de nieve. Brand entiende esto al final cuando quiere destruir también el nuevo templo, que es mayor que el viejo, pero siempre chico. Gerd ha nacido del amor malogrado de un artista con la madre de Brand, de una madre que no importa saber quién es. Una madre cualquiera. Gerd es la tierra. El dios de los cielos puede ser cruel, y hasta tiene la necesidad absoluta de serlo, porque hay que aniquilar la materia: Brand ha entregado el alma de la madre y después al hijo Alf y a la mujer. El dios de la tierra es piadoso: es caridad. La voz que oye en el cielo, al morir, ¿es la voz del dios de Brand o la del dios

de Gerd? ¿No es la voz de la tierra, de esa tierra donde reposan la madre, Alf e Inés, la que lo arrastra en forma de alud de nieve? Frío, frío. Es un problema profundo y terrible. No hay concesión de Ibsen, porque la última frase: «Dios es Caridad»., no soluciona nada, sino que da vida al problema. Pero ¿cuál fue la intención de Ibsen? ¿Fabricó un monstruo en el cual no creía? Usted, Quiroga, como Inés, fue fascinado por Brand; pero estoy seguro de que Brand no fascinó a Ibsen. El Brand hombre; pero el Brand hombre sin Jehová, el Brand mesías de un dios inexistente, era un fantasma; en efecto, una mistificación; una crueldad. Y de no existir Jehová, que no sabe qué es un hijo que se muere, porque hace creer que solo interesa el espíritu, si no existe ese Jehová del Sinaí, entonces el Bedel, el Sacristán, el Obispo, el Médico, el Albañil, Gerd y Eynart tienen razón y la voz de los cielos sobre el alud, también.

Sus respuestas fueron:

Me alegra que hayamos discordado sobre este riquísimo venero de ideas. Claro que vamos a discutir el punto. Yo sostengo enérgicamente mi tesis, partiendo de estas dos premisas: traducción exacta de la palabra final: entendimiento nítido de la palabra caridad. Si por toda respuesta a su por qué agónico, Brand no obtiene de Dios más que la esperanza de su caridad, cuanto ha sido, dicho y hecho Brand, incluso condenar a su madre al infierno, que ha muerto gritando: «Dios tendrá el corazón menos duro que mi hijo»; si la madre, y la esposa y el hijo, y en última instancia entonces el bedel, el deán, el obispo y toda la chusma que subsigue estaban en la verdad, tenían razón de su proceder, el personaje Brand es una mentira, y una vil farsa del autor que da tal potente idea a un personaje y a una tesis que sabe él mismo son pura farsa... (nota: Continuaré, si Dios quiere, con Brand. Es mi hobby). ...Ha aflojado entonces. ¿Qué otra interpretación queda de ese pobre final? Si hay un personaje hecho todo de acero del principio al fin, él es Brand. Más: la excusa de su feroz idealismo es precisamente la tremenda tensión a que llega tras las tres pruebas del drama. Si aquel final no es una cobardía escénica, es una cobardía moral de Ibsen. Pero esto no es posible en tal hombre, una y cien veces probado. Quedémonos entonces con la única presunción posible: una aflojada al público. Porque aunque Brand es —como reza— solo un poema dramático, Ibsen no ha dejado un momento de ver la escena. Y entre paréntesis, no hay autor, incluso Pirandello, más teatral que el noruego. Admitido esto, piense usted un momento en el efecto que hará en la bestia de la platea, el casi suicidio de un hombre emperrado en su feroz y egoísta locura, que ha sacrificado a su madre, su hijo y su mujer por no dar su brazo a torcer. ¿Qué otra cosa puede pensar el espectador de Brand, de un sujeto tres veces criminal y que muere sin redención? Si pensamos que entre centenares de miles de individuos del común, usted y yo estamos del lado de Brand, comprenderemos bien la impresión del espectador, para quien el actor no interpreta al personaje sino que es el personaje mismo. También a mí me interesa muchísimo su opinión sobre ese final. Rectifico algo, sin embargo, la única flojedad psicológica de Brand es aquélla en que el pastor se asusta ante la posible muerte de su hijo, diagnosticada por el médico, y se dispone a huir al sur con su chico. —«Tan duro para los demás y tan blando para consigo mismo», dice más o menos el médico. Brand se rehace entonces. Bien: ni aun ante esa inminente catástrofe, Brand debía haber claudicado un instante. Acababa de condenar a su madre, cosa también bien seria. Pero Ibsen no se atrevió a mantener la tensión de su Brand hasta ese punto. Una criatura de un año ¡sacrificarla! Desde aquí estamos oyendo la gritería de las almas virtuosas, presentes al acto. Cedió, pues, un poco. Por lo demás, el efecto dramático logrado con esa aflojada del hombre de fuego, a punto para que el médico coloque su frase, es de primera. Pero ese tercero o cuarto acto —no recuerdo bien— en que Brand tuerce y retuerce, a fuer de supremo inquiridor de nuestra pobre raza, a la lamentable Inés, no tiene parangón en nada humano.

Quiroga ha hecho la autodefensa en una situación tanto o más grave que la de Brand. Independientemente de este trágico aspecto del debate, y ciñéndome a la obra de Ibsen, debo agregar algo más. Aunque Quiroga omitía considerar que esta obra responde a una concepción religiosa y mística de la vida, inspirada en Kierkegaard, sus puntos de vista coincidían con tal filosofía inclemente de los deberes de conciencia, estando él más próximo al pensador danés que al dramaturgo noruego. Creía que la frase misteriosa que Brand oye en el cielo, al morir arrastrado por el alud, se le aparece al autor inesperadamente, por decirlo así, siendo una inexplicable negación de la doctrina del pastor «de fuego y de acero», con lo que invalidaba su vida entera y los tremendos sacrificios que ocasionara, convirtiéndose en crímenes sus exigencias de absoluta integridad moral. Mi opinión era y es otra. La frase da origen a la tragedia.

XIII. Libertad

Interesábannos a ambos los problemas sociales sin política, sin sociología y sin economía política. Nos interesaba el ser humano y su destino, libre de sus expoliadores y de los expoliadores de los expoliadores. Los dos teníamos un concepto libertario de la libertad del hombre, y tanto él como yo lo hemos expuesto en nuestras obras. Sobre estas cuestiones coincidíamos mucho más que sobre literatura y arte. Esa posición suya, firme e inquebrantable, es una de las prendas más preciosas de su vida y de su obra; valor humano que también se refleja en la literatura de ficción. Independientemente de cuál ha sido su norma de conducta en la vida, ese valor aflora en lo más genuino de su producción.

Yo le llevaba la ventaja de estar mejor informado; pero tal ventaja, si lo era, no significaba nada en absoluto. Filosofía y doctrina sociales eran en él una concepción global del mundo y del hombre, y reducíanse a una regla austera de conducta, a un deber de conciencia para consigo y para con los demás; a la simple fórmula de dar a cada cual lo suyo. Su mentor, como el mío, era Thoreau —la fórmula: arregla tus cosas primero y después ocúpate del mundo, era de Emerson en calidad de escritor, pensador y hombre puro.

Se lo supuso comunista y anarquista; para otros era, simplemente, un burgués disconforme y antisocial.

Abominábamos de los agitadores y demagogos de la acción y del pensamiento, quienes, al decir de Péguy, convierten la mística en política. Alguna vez se refirió a su desencanto con los «compañeros» del destierro:

Casi todo mi pensar actual al respecto proviene de un gran desengaño. Yo había entendido siempre que yo era aquí muy simpático a los peones, por mi trabajar a la par de los tales, siendo un *sahib*. No hay tal. Lo averigüé un día que estando yo con la azada o con el pico, me dijo un peón que entraba: —«Deje ese trabajo para los peones, patrón». Hace pocos días, desde una cuadrilla que cruzaba a cortar yerba, se me gritó, estando yo en las mismas actividades: .. ¿No necesita personal, patrón?» Ambas cosas con sorna. Yo robo, pues, el trabajo a los peones. Yo no tengo derecho a trabajar; ellos son los únicos capacitados. Son profesionales, usufructuadores exclusivos de un dogma. Tan bestias son, que en vez de ver en mí un hermano, se sienten robados. Entienda un poco más esto y tendrá el programa total del negocio moral comunista. Negocio con el dogma Stalin, negocio Blum, negocio C.I. Han convertido el trabajo mural en casta aristocrática que quiere apoderarse del gran negocio del Estado. Pero respetar el trabajo, amarlo sobre rojo, minga. El único trabajador que lo ama es el aficionado. Y éste roba a los otros. Como bien ve, un solitario y valeroso anarquista no puede escribir para la cuenta de Stalin y Cía.

Nuestros autores predilectos habían dejado testimonio en sus obras de haber luchado por la justicia sin programa de partido y sin bandera. Cada autor que admirábamos juntos era otro eslabón que soldaba más firmemente la cadena que nos ligaba a entrambos. Comprendí después, al no poder compartir con él los nuevos hallazgos de espíritus afines, que las lecturas compartidas valían como amalgama de nuestra aleación, y que los seres y las obras que admirábamos contenían abundante material político, no menor que las obras de los luchadores y tratadistas.

Quiroga pensaba, como Simone Weil, que la condición obrera no es una situación económica solo, sino hecho muchísimo más tramado en la urdimbre de los destinos terribles, fatídicos, del vivir social. Sin la conciencia de esos hechos, los hechos no pueden ser modificados. Un ideal humanístico más que humanitario como el que profesábamos —ideal definido como condición del ser más que del existir— corresponde por igual a la religión, la filosofía, la política y la economía. Simple ideal conminatorio de toda conciencia honrada; ideal de idealistas. Ningún ideal sencillo es comprensible —nada sencillo lo es—; y Thoreau, Tolstoi o D. H. Lawrence, que son filósofos sociales en primer término, son considerados como utopistas. Digamos «anarquistas», en el vocabulario de los perezosos y los taimados. Fue preciso el poder milagroso de acción de Gandhi, para que los filósofos de los bosques ascendiesen al rango de líderes sociales. «Solitario y valeroso anarquista», sin duda.

No acierto a decir ahora, porque mi propósito no es éste, cómo emparentar a Quiroga en la familia ideológica del pensamiento libre. La frase se ha tornado intocable. Mas no puede abrigarse la más remota duda de que Quiroga era hombre de convicciones asentadas en la noción de los derechos del hombre a realizar su experiencia vital sin cepos ni mordazas. Puédesele aplicar esta aseveración de R. Aldington sobre Lawrence: «...Es un hombre libre que piensa por su cuenta, que vive su propia vida, que va por su propio camino, sin buscar reconocimiento, dinero, alumnos ni influencia, sino resuelto a establecer contacto directo con la realidad y apasionadamente interesado en su propia percepción del mundo».

La norma ética suprema de conducta nace de la conciencia de los deberes sociales y no de los códigos. Quiroga es magnífico ejemplo de esa libertad necesaria a la higiene moral, y en sus confidencias jamás se traslució ningún prejuicio de clase, ninguna docilidad al freno de las convenciones institucionalizadas; y, sin embargo, ¿cuántos de su rectitud, de su pureza selvática podemos contar entre sus coetáneos? ¿No se los ve ostentar orgullosamente su librea? Esa calidad moral humana es uno de los coeficientes de excelencia que lo colocaban por cima de sus congéneres, sin que necesariamente tuviera que destacarse como el mejor de ellos. Que además los superara como escritor, es un plus de lujo. En sus obras más significativas —«El Desierto», «Los Desterrados», «El Salvaje»— hallamos sin alegato ni discurso su concepción pánica de la existencia; y bastaría mencionar los nombres de sus autores predilectos para comprender que también él era un hijo libre de la naturaleza indómita. Comprendía bien que el esclavo sueña sueños de esclavo, y que entregarse con pasión a la aventura de la creación literaria exige la condición de pureza de la libertad:

> Dice usted que la dignidad es un cepo. Claro que sí. Huya entonces de la policía, y si tiene un pie cogido todavía, trate de liberar el resto del cuerpo, aun perdiendo el pie. Es que no se puede hacer otra cosa, compañero. Y aquí de mi espíritu material. El me permite ver solo y exclusivamente, por encima, debajo y a los costados de las penas del alma, la tremenda disyuntiva: sufrir eternamente en el cepo de la comisaría urbana, o alzarse de matrero.

Pero también es cierto que cuando un preso deja el pie y huye, los otros presidiarios profieren gritos de alarma para que lo rescaten o lo dejen morir de hambre y de soledad en el monte.

XIV. Soledad

Repetidas veces, y muchas precisamente a raíz de cavilaciones sobre el intrincado modo de ser de Quiroga, me he preguntado qué mecanismos psicológicos, complejos, factores incognoscibles e inexplicables por lo tanto, determinan que el ser inane, y en razón directa de su indefensión, se revista en los momentos de peligro del arsenal oculto o manifiesto con que impondrá pavor. Porque cualquier apreciación aproximadamente justa de la selvatiquez y huraña de Quiroga, da como precipitado último la más angelical bondad y el más inocente y cauto anhelo de establecer con el prójimo una camaradería sin reservas; propensión a una confraternidad pánica universal.

Mi convicción es que un exceso de ternura y una incapacidad nativa para preservarse de asechanzas y peligros de la fuerza y de la astucia brutas, lo habían blindado con una coraza aparente. Que por fin hubiera caído él mismo en la creencia de ser fuerte y de férrea voluntad, es otra cuestión. También esto era cierto, pero como la cáscara con respecto a la fruta. Pues a pesar de ser esa segunda naturaleza de adopción una idiosincrasia perfectamente superfetada a su naturaleza primaria, constituía su modo natural de ser, como las púas y los colores violentos lo son en los seres inofensivos.

Quiroga no era hombre creado por Dios para la soledad. La amaba en el aislamiento físico y espiritual, pero le daba miedo la soledad afectiva. Sufría de no amar y no de estar solo.

Familiares y amigos configuraban un elenco sentimental que integraba una superfamilia de espectros, sin que se dejara arrastrar por la simpatía o debilidad de cualquier género a la indulgencia. Así como era magnánimo en reconocer los valores y los méritos de quienquiera, así era inflexible en juzgarlos; y es muy posible que tolerase menos en quienes amaba más.

Fue confinándose hasta reducir su ámbito vi tal a un escollo.

La amistad de Quiroga no era fácil de llevar, y así como iba desprendiéndose, sin quererlo y sin poder evitarlo, de las personas ligadas por vínculos familiares que no congeniaban con él en el secreto de sus afinidades, así iba despojándose de las amistades, escogidas o no, hasta que llegó al extremo de encontrarse solo. Y lo aterrorizó. Su soledad de los últimos años resultaba de haberse ido desglosando de seres y de afectos queridos, no como quien arranca de sí pedazos de su cuerpo, sino como el árbol que al llegar el otoño pierde su follaje después de haber perdido sus flores y sus frutos.

La soledad de no amar le era insufrible, pero el amor por sí solo no tiene fuerza suficiente para unir a seres disímiles. Además, hay diversas calidades de soledad. Hay muchas soledades. La soledad que pesaba sobre el alma de Quiroga veníasele condensando desde la niñez, si no debiéramos rastrearla como *fatum* familiar ya en sus progenitores. Podría descomponérsela, como el haz de luz en el prisma, y se obtendrían los colores elementales de su persona y de su destino. Su soledad era, pues, un resumen.

En otras condiciones de ambiente, su necesidad de aislamiento habría tomado otras características, porque, en fin era Quiroga espíritu ansioso de comunicación y compañía, inclinado al trato cordial, del que lo apartaba su extraordinaria individualidad insurrecta contra toda tiranía de la mediocridad, siempre déspota. Comunicativo y harto locuaz en circunstancias propicias y excepcionales, mantenía constantemente reservada una zona inaccesible de su alma. Esto no privaba al interlocutor del contacto cálido y directo, y lo que legítimamente podía inferirse de su franqueza abrupta era su fondo cristalino y luminoso. Algunas copas de más lo florecían como al duro lapacho, sin que perdiera por eso su contextura resistente al hacha. Me recordaba, en un rapto de ternura:

Así es, querido compañero único. He tenido y continúo teniendo con usted confidencias extremas. Ya lo ha visto. También convendrá usted en que yo lo entiendo a mi vez y por algo, en alguna noche de manzanilla, le sorprendí con alguna declaración como ésta, que usted no esperaba de mí: «Vos sabés que yo te comprendo, cabrito», o cosa así. Me acuerdo muy bien del alegrísimo brillo de su mirada en tal circunstancia.

Necesitaba de tales expansiones para dar escape a su concentrada presión. Entregábase entonces a efusiones ingenuas, desbordándosele su ternura y su sensibilidad superlativamente patética. Florecía —esa es la palabra.

Por él puede enjuiciarse a su época y su tiempo, a la medianía opresora de la clase intrépida de los intelectuales agrarios, con quienes es preciso convivir a ras del suelo, celebrando sus establos, o desprenderse de ellos para refugiarse en sí mismos o en la selva, sea la que fuere.

Su ejemplo me ha valido para explicarme la soledad de las alturas, el frío de las cumbres, y me ha servido para fortalecerme y sobrevivir de mis propias reservas. Pensaba en él y en Lugones, cuando escribí sobre Hernández: «Creo ver cumplirse, también en Hernández, esa ley terrible de nuestra historia que exige el sacrificio humano en pago de la gloria. Todo grande hombre está solo, y el movimiento de sístole que protege al incapaz expulsa con vigorosa diástole al bien dotado por Dios o por la naturaleza, particularmente al benefactor». Ocultar esta lacerante verdad sería hacerles juego a los fariseos y escribas de la cultura, y echar sobre sus hombros agobiados el fallo de antisocial con que algunos han echado su piadoso puñado de tierra en su sepultura. Explicaba:

Dicen que me he abandonado. ¡Qué absurdo! Lo que yo no quiero es hablar media palabra con quien no me entiende. Eso es todo.

Estaba solo, efectivamente, y su soledad era el resultado natural de las fuerzas centrífugas y disolventes que arrojan al hombre superior allende las fronteras del ámbito vital. Acaso éste sea el *fatum* secreto de toda huraña, de todo desafío a las sociedades de mirmidones, ora en Walden y Yasnaia Poliana, ora en San Ignacio de Misiones.

La soledad de Quiroga era mucho más antigua que él, dije, y debo agregar, y ajena a él; proveniente de múltiples causas y circunstancias, concentradas en su temperamento apasionado y agreste. Hallarse solo llegó a ser para él una deleitosa necesidad, hasta mucho después de haber sido una forzosa táctica en la desesperada lucha por la vida. ¿Quién se destierra voluntariamente?; ¿quién se confina sino bajo la sanción de un destierro dictado contra él por la sociedad de sus competidores? Todo desterrado sobrelleva el dictamen de hereje, y todo hereje es desterrado de una feligresía que lo acosa y lo niega... Cuando encontró en mí al amigo siempre esperado en vano, estaba ya extinguida la llama de su impetuoso corazón. Desde el primer instante advertí en su afán de entregarse a una compañía salvadora, la necesidad de ser comprendido y amparado. Topó conmigo como con su Sosías más desgajado aún del árbol de tribu y clan. Pero mi ordalía no había llegado, y él puso mis pies en la senda del Gólgota. Lo percibió agudamente, de inmediato, antes de conocer cómo me había formado a mí mismo, saltando las trampas de los domesticadores y dejando, a lo más, la cola pero no el penacho. Con una punzada caló el tuétano:

Es usted guapo. Es posible que usted haya andado por el mundo más solitario e incomprendido que yo. Si su mujer lo comprende a fondo, dése por bien servido, hermano.

Escapando de sí mismo y de sus recuerdos terribles, halló en la naturaleza selvática del norte un bálsamo de olvido. Impelido, además, por percances de su salud precaria, encontró al mismo tiempo salud y sosiego. Sus primeras experiencias fueron terribles:

Continué como el diablo durante seis meses, sin un solo día de alivio. Comía, sin variantes: sopa ligera, dos papas cocidas, un racimo de uvas, y sanseacabó. Estaba amarillo como un membrillo. Pasaba esto cuando pensaba ir al Chaco a plantar algodón. ¿Pero cómo ir en tal estado? Ese invierno, en pleno interior del Chaco (siete leguas al suroeste de Resistencia, con el vecino más próximo a dos leguas). Me levantaba tan temprano que después de dormir en un galpón, hacerme el café, caminar media legua hasta mi futura plantación donde comenzaba a levantar mi rancho, al llegar allí recién comenzaba a aclarar. Comía allí mismo arroz con charque (nunca otra cosa), que ponía a hervir al llegar allí y retiraba a mediodía del fuego. El fondo de la olla tenía un dedo de pegote quemado. De noche otra vez en el galpón, el mismo matete.

Aprendió a bastarse a sí mismo, a vivir consigo, a sentirse un ser desprendido del conglomerado con el que ninguna fusión era posible. Ni era fuerte, ni era huraño, pero la vida lo había hecho inflexible en su carácter y en su voluntad, reacio al trato con seres de otra estirpe espiritual. Transcribo algunas imágenes desoladoras de su última soledad:

Pasé unas horas con los amigos médicos de marras. Estábamos tendidos por la gramilla, al buen Sol de ayer, cuando llegó el cartero. Corrida de las mujeres para traer gozosas la correspondencia. Todos recibían cartas de sus familiares y se entreleían en voz alta. Yo solo estaba con las manos sobre las rodillas, sin cartas, ni familia, ni nada. Piense, hermano, en que he tenido un hogar durante nueve años y que he sido abandonado por mi familia. Lo que lloro no es seguramente la mujer con la que no nos entendemos hoy un ápice, sino la de ames, y la época en que nos amamos. Por eso le decía en mis líneas de esta mañana que he andado estos días reclinado a un espectro, que por ratos me tentaba conjurándome a olvidarlo todo, a ir a su lado —tal el fantasma de Inés, cuando le dice a Brand que todo ha sido un mal sueño... con tal de que Brand abjure. ¡Ah, no! Hemos de aguantarnos, compañero, y llegar al final de nuestro destino con un átomo siquiera de pureza.

...Son las 20.10. A mis espaldas, donde la chimenea arde a gusto, porque el día ha estado muy fresco. En la radio (estación oficial, Montevideo) tocan una balada de los Reyes Magos, de Strauss. Por arriba de la mesa tengo el potente farol de nafta. Acabo de picar tabaco negro para mezclarlo con el colorado, según muestra que traía Giambiaggi precisamente esta mañana. Con este Giambiaggi, que vivió un par de años conmigo, nos pasábamos las noches picando tabaco. Hace un rato concluí de reformar a aguja limpia mi gorro nocturno, pues siento ahora frío en la cabeza. El tal gorro es una boina tejida de mi mujer, a la que he agregado orejeras de un viejo pantalón de pana. Queda soberbio. Las noches pasadas he cosido también: un quillango que voy haciendo con retazos de cueros silvestres, y una alfombrita limpiapiés, que he ribeteado con tientos de jabalí. Magnífica también. Y con estas cosas voy solucionando el gran problema de las noches de invierno, que siempre constituyen mi pesadilla. Ames, cuando vivía aquí con mis hijos chicos, iba al taller. Ahora no tengo ya ganas de eso. Tengo que inventar nuevos entretenimientos. Por cierto que siempre busqué y encontré tarea nocturna, aun en ésa: tanto en la calle Agüero como en los telares y muñecos de barro en Vicente López. Estoy por decidirme a remendar mis muñecos, muy maltratados por su colocación vecina a la chimenea, donde se han desconchado con el calor. Hoy hablábamos con Giambiaggi de pasar los a bronce o simple aleación de tipo de imprenta, muchísimo más fácil.

...Llueve que da gusto desde esta madrugada. Desde mis ventanales veo el paisaje mojado, triste y oscuro. Solo como un gato estoy. Esta mañana, mi sirvienta con su hijita y su marido se fueron en camión a Santa Ana. Volverán tarde de la noche, o mañana. Me calenté la sopa preparada desde anoche, y aquí estoy en el living, como un punto en la inmensidad del paisaje lluvioso. Esta sirvienta que volvió a mí tras la ausencia de mi mujer, y que nos sirvió un par de años hasta hace poco, es una alhaja. Le he confiado la casa, una verdadera ama de llaves. No sé qué sería de mí sin ella, tan abandonado como soy. Me cuida, no como a un marido, sino como a un hijo. Y tiene veinte años.

Solo faltaba la noche de la eterna soledad.

XV. Olvido y paz

Sentirse enfermo (sentirse morir) lo adhería más a mí. Y así como él sentía la necesidad de anudarse a otra vida, al írsele la suya, así sentía yo que llegaba hasta mí revestido de un signo particular, como un resucitado. Entre ambos se interponía el límite que hacía imposible llevar la amistad más lejos ni más alto de como habíase remontado por sí misma. El límite, siempre, es una fatalidad. Únicamente la muerte, se la advierta o se la presienta intuitivamente, puede consagrar y sellar con un epílogo de su tenor una unión espiritual que en su cúspide solo tiene la alternativa de mantenerse allí o aniquilarse. Hasta dónde la identidad de nuestras personas y de nuestros daimones era un hecho cierto aunque absolutamente inexplicable —que él percibió inmediatamente— lo he corroborado después, a lo largo de veinte penosos años marcados con su sino.

Cuando en ocasiones se hacía claro y sencillo lo misterioso y recóndito, lo observaba yo como sentenciado a morir. No porque conociera la naturaleza de su mal incurable, sino porque las posibilidades de depuración y ahondamiento de nuestra amistad habían alcanzado su «clímax» y, como en una novela bien construida, el final lógico era la muerte: El llevaba su muerte consigo desde muchísimos años, al decir de Rilke: su muerte agreste y solitaria, que tendría que tener la misma forma de su vida:

> Mas conforme al final con mi situación ante la muerte, ya comentaba en mi carta anterior, solo veré mañana o pasado en el sueño profundo que nos ofrezca la naturaleza, su apacibilísimo descansar. No creamos sin embargo que este sentimiento es derrotista en mí. He de morir regando mis plantas, y plantando el mismo día de morir. No hago más que integrarme en la naturaleza, con sus leyes y armonías oscurísimas aún para nosotros, pero existentes.

En los últimos meses quebráronse sus resistencias y sus defensas físicas y morales. Cuando el cuerpo claudicó, el alma había agotado ya todas sus reservas, cuantiosas antaño. Se encontraba en la situación de su relato «El Hombre Muerto»: hacía unos minutos estaba caminando, con el machete a la cintura, y ahora yacía en el suelo, sentenciado a morir:

Sobre el asunto muerte; querido Estrada, yo creo que lo que pasa es que usted y yo estamos colocados en dos puntos de vista: usted en la plena madurez-juventud de la vida, y yo en la madurez-declinación de la misma. Naturalmente, usted mira con desconfianza un hecho que para usted es aún prematuro. Y o no, y de aquí mi conformidad y hasta —¿qué quiere?— curiosidad un poco romántica por el fantástico viaje.

...Hablemos ahora de la muerte. Yo fui o me sentía creador en mi juventud y madurez, al punto de temer la muerte, exclusivamente, si prematura. Quería hacer mi obra, los afectos de familia no pesaban la cuarta parte de aquella ansia. Sabía y sé que para el porvenir de una mujer o una criatura, la existencia del marido o padre no es indispensable. No hay quien no salga del paso, si su destino es ése. El único que no sale del paso es el creador, cuando la muerte lo siega verde. Cuando consideré que había cumplido mi obra —es decir que había dado ya de mí todo lo más fuerte— comencé a ver la muerte de otro modo. Algunos dolores, inquietudes, desengaños, acentuaron esa visión. Y hoy no temo a la muerte, amigo, porque ella significa descanso. That is the question. Esperanza de olvidar dolores, aplacar ingratitudes, purificar de desengaños. Borrar las heces de la vida, ya demasiado vivida, infantilizarse de nuevo; más todavía: retornar al no ser primitivo, antes de la gestación y de toda existencia: todo esto es lo que nos ofrece la muerte con su descanso sin pesadillas. ¿Y si reaparecemos en un fosfato, en un brote, en el haz de un prisma? Tanto mejor, entonces. Pero el asunto capital es la certeza, la seguridad incontrastable de que hay un talismán para el mucho vivir o el mucho sufrir o la constante desesperanza. Y él es el infinitamente dulce descanso del sueño a que llamamos muerte. Y o siempre sentí (creo que desde muy pequeño) que la mayor tortura que se puede infligir a un ser humano es el vivir eternamente, sin tregua ni descanso —Ashaverus—. ¿Se da cuenta usted de un sobrevivir de mil años, con las mezquindades de sus jefes, de sus amigos a cuestas? ¡Ah, no! La esperanza de vivir para un joven árbol es de idéntica esencia a su espera del morir cuando ya dé sus frutos. Ambos son radios diametrales de la misma esfera.

Ya me iba desorbitando un poco. Pero total: día más, día menos, usted también llegará a considerar como un refugio que nadie nos puede escamotear, ese rinconcito de olvido y paz.

Se había conformado siempre con lo muy poco que la vida le dio, reduciéndose resignado a un lugar cada vez más estricto y alejado, sepultándose literalmente en la soledad, hasta que también se le negó el espacio para su cuerpo. Y aceptó esa última exigencia inventándose un consuelo como se había inventado una fuerza.

¿lamma sabacthani?

CARTAS DE QUIROGA A MARTÍNEZ ESTRADA

1. Agosto 19 de 1934

Querido Martínez Estrada: Recibí en momento oportuno su *Radiografía de la Pampa*. Digo oportuno, porque es común y habitual que se nos envíe libros a los dos meses de aparecidos, no obstante la dedicatoria urgida. Tuve, con la lectura del suyo, el placer que pregustaba alguna vez en compañía de usted, cuando charlábamos del musicismo criollo y demás. Infinidad de motivos hay en su obra para que ella confirme la estimación, el afecto y la admiración que tengo por su autor. Cosa, por lo demás, que ambos sabíamos. El país tiene por fin quien descorrió su tabú, que persiste, según usted confirma, respecto de los próceres. ¿De dónde sacó usted el coraje para escribir su Radiografía? Se lo necesita —y muy grande. Sacras felicitaciones, compañero.

Pensamos a menudo con mi mujer en el placer que tendríamos viéndolos un día por acá. El pasaje es caro, desde luego, pero allí terminan los dispendios. ¿No habría modo de que se animaran este verano? Como usted es de los muy contados amigos con quienes se entiende uno sin hablar —como buenos criollos—, no habría miedo de que chocáramos en nada. Y esto lo digo por un incidente que acabo de tener con el joven Liborio Justo, que estuvo con nosotros unos días, y que ha salido echando pestes sobre nosotros. Alguna vez le he de contar este originalísimo caso. Para pregusto, el mozo me imputa hipocresía.

Festejamos desde aquí su premio, que temo pase tiempo sin llevarse a cabo. Mas si cobra eso, razón sobrada para alcanzar hasta aquí.

Bien, compañero —Un fuerte abrazo, con saludos de los de casa para ustedes —María me observa en este instante que no olvide de solicitar de Mme. Martínez su venida —Y con el envío bien tardío del libro de Strindberg, lo abraza de nuevo.

H. Quiroga

2. Abril 24 de 1935

Querido Estrada: Tardía su carta, pero bien llegada. Llegué a temer que por unas de esas tantas cosas hubiera un malentendido entre nosotros. Pláceme extraordinariamente que así no haya sido.

Tuve, en efecto, sinsabores de orden económico que he salvado con una merma de 70 % en contra. Me han vuelto a nombrar cónsul, mas honorario, a efectos de la jubilación. Esto me dejará $ 130, más o menos, más bien menos. Poca cosa, que servirá de base para el resto del capital necesario que se obtendrá con la pluma. Maldita cosa.

Con esto de la pluma anduve también con quebrantos nutridos. También en este renglón sufrí una merma semejante a la considerada por el gobierno uruguayo, pues de $ 350 bajé a 100 por relato. Más: *Crítica* se hartó de mi colaboración con la tercera enviada, que no publicó y tuve que rescatar con dificultad. Pasé a *El Hogar*, que temo se harte también a la brevedad. Es digno de notar el carácter feminista —femenino mejor— de nuestras revistas. Queda por suerte el inconmovible, tenaz y constante tonel de *La Prensa*, donde parece no se cansan jamás de uno. Entiendo que les plació «Los hombres hambrientos». Y me alegra como supondrá el que muy preferentemente le haya placido a usted Lo que es de lamentar es que lo que usted ve en dicho relato: lo interior, que no está precisamente en el tema, no lo vean allí ni con candil.

Y mucho menos en *La Nación*. Conservo curiosidad de saber quién hizo la crónica de *Más allá*. ¡Hablráse visto mentecato igual! Me ha fastidiado la incomprensión bestial del tipo.

Algunos amigos me dicen que «El hijo» es lo más acertado del libro. Tendría que ver que en una incidencia, un recuerdo, un simple error, hubiera un individuo hallado su filón más vivo de arte. Yo aprecio mucho también ese relato. De modo que usted continúa machucándose los dedos, sin lugar a concluir su mesa. A todos nos pasa lo mismo. Dios nos da madera demasiado dura para trabajar, y pegamos naturalmente con el martillo fuera de sitio. ¿Mas qué diría usted, amigo, si yo me pusiera a mi vez a cantar: «esta tormentosa vida interior de Estrada constituye su fuerza, y es bueno que no lo abandone». Digo esto, por los plácemes de los amigos —no recuerdo si era usted de ellos—, cuando se supo que me vería forzado a escribir de nuevo. ¡Ah, no! compañero. El hombre es hombre y no bestia de carga.

Mucho me alegrará que rompa su pesadez para escribirme; vea que yo soy de los muy contados tipos que lo entienden. Tal creo.

Cariños igualmente de casa para Ustedes, y un fuerte abrazo de

H. Quiroga

3 Setiembre 7 de 1935

Querido Estrada: Va también para rato que le debo carta. También yo me machuco los dedos sin motivo, y el gobierno del Uruguay me machuca desde hace diecisiete meses sin pagarme lo que me debe, motivo por el cual me cercan más trastornos económicos de los debidos.

Ciertamente, la repetición de su nombre en EL HOGAR me ha traído en los últimos tiempos su recuerdo, siempre tan caro a nosotros. Agregue la circunstancia de que he recibido en estos días últimos carta de Glusberg con el envío de un libro que estoy leyendo con gran placer: ([...]) LIBRO ([...]) EL LIBRO DE SAN MICHELE (también esta máquina me enloquece), de Axel Munthe, autor que desconocía. Tengo además curiosidad de saber las impresiones de Glusberg sobre sus andanzas.

¿Y usted? Si usted logra recoger el hilo epistolar, como es justo que nos una, yo no lo soltaré más.

Cuénteme por dónde van sus actividades actuales.

Las mías por la madre tierra siempre.

Muchos saludos de casa para Ustedes, y un fuerte abrazo de su fidelísimo
H. Quiroga

4 Setiembre 26 de 1935

Querido Estrada: Acuso recibo de la suya del 10, y contesto con lápiz, más fácil que la pluma, pues la cinta de la máquina parece una arpillera.

He aquí que he escrito hoy —ahora— 4 o 5 cartas que debía haber contestado hace tiempo, y recién me siento desahogado al escribirle a usted.

Su carta me ha halagado mucho por lo que tiene de amistad confiada. ¡Hay tan poca, tan poca gente en el mundo (nuestro, por lo menos), para poder escribir con amplia libertad! Hoy precisamente acabo de tener disgustos con almaceneros a quienes debo tres meses de provista. He ofrecido a uno y otro pagarés para fin de año, si desconfían de mi honrado pagar. Ambos han rechazado la oferta, pero considerándose con ello protectores míos, ellos que tiempos atrás me metían por las narices sus artículos. Estas cosas de orden económico me hacen un daño atroz. Si fuera yo solo, echaría todo al diablo y me iría a vivir contra un árbol con un pedazo de pan. Pero hay familia, hay el maldito deber de salvar a todos, aunque uno se hunde y trague más agua salobre de la cuenta. El caso es que durante los diez años de mi viudez huí del matrimonio por incapacidad para sostener una familia, y por mi debilidad congénita para ganarme la vida. Cuando el consulado ($ 470 m.n.) me proveyó de medios, me casé. Y ahora vuelvo a los $ 130 que ganaba en 1917, sin ganas, para desdoro, de recurrir a la pluma como antes. Y advierto que esos 130 no los percibo aún, por no haber resuelto todavía el Uruguay mi jubilación, datable desde junio de 1934. Deben enviarme pues, 15 o 16 meses de jubilación atrasada, que llegarán a fin de año. ¿Pero llegarán en bloque? ¿Y entre tanto? No puedo escribir más de un artículo por mes. Mis gastos aquí son de $ 200. Y con tres meses de provista atrasada...

Bien, amigo. La literatura no me ha dado nunca disgustos como éstos, por sentirme puro y confiado en medio de cualquier contraste o injusticia. Pero estas cuestiones económicas me ensucian, me empequeñecen a nivel de cual mal pagador. Este es mi punto flaco, y el Señor sabe lo que hace cuando condena a un hombre con familia a miseria eterna. Y basta conmigo. Ya ve que yo también necesito donde ahogar mis quebrantos.

Claro está que yo comprendo perfectamente lo que le pasa y no sonrío, ni mucho menos. Como usted anota, el mundo actual, y su vida, y la vida que nos obliga a vivir como puercos autómatas, no puede ser peor. Algo debe de haber de profundamente equivocado en el existir actual, cuando usted y yo, hombres de corazón y espíritu, apartamos como una pesadilla la expresión literaria. ¿Qué infiltración de afuera (totalmente de afuera, quiero creer) se opera en nuestras almas para dejarlas inundadas en tal desesperanza? ¿Qué pasa, si no? Vaya en paz que yo, con muchos más años que usted, cuelgue tranquilamente la pluma gastada y coja la flamante azada. Mas usted no halló la azada todavía —la hallará, estoy seguro— y estudia el piano y el violín.

Y dígame: ¿tuvo usted siempre el sentimiento de hoy por la música? Recuerdo vagamente que en su tiempo había estudiado el violín. Pero no le había dado importancia a su veleidad. Bien por la música, arte el más puro, fuera de toda duda. Hay, tal vez, un amor místico a su expresión musical. Las palabras, poco o mucho, ensucian. Debe de ser esto.

En cuanto a lo de quemar el ajedrez, nada le puedo decir sino que para quemar siempre hay tiempo, —y de aquí el error de Eróstrato. Tengo la esperanza de que en el momento actual sobre viva todavía su tratado. Me alegraría de ello, no por el libro, sino por usted.

Glusberg: por las cuestiones sociales, estuvimos en una ocasión a punto de disgustarnos. El buen amigo me pedía mucho más de lo que yo podía dar: a la cuestión y a él. Entiendo que cuando un artista lo es a tal punto que quiere suicidarse como tal, no es ello a buen seguro para afiliarse a tal cual partido político, siempre cosa más sucia que la expresión literaria. Por aquí anda un mozo comunista, recomendado por Yunque; excelente muchacho, agitador de mensús, ciego y sordo a dar lástima. Lo que le he oído sobre Rusia, etc., y la disciplina del partido, etc., me han ensombrecido el ánimo. Ya el buen Ibsen lo dijo: «El hombre aislado es el verdaderamente fuerte».

Bueno, querido Estrada: ya sé que andamos buscándonos las manos como amigos enceguecidos. Escríbame largo y tendido que me dará un vivísimo placer. Buena salud, ánimo, y un abrazo nuestro para ustedes

H. Quiroga

5. Octubre 10 de 1935

Querido Estrada: Mucho me he enternecido con su fraternal ayuda. Debe de haber sido muy transparente —para usted— mi situación y el desánimo consiguiente, para que usted haya oído gritar donde yo solo creía hablar.

No sé si usted recuerda el caso de aquel romano, sobre cuya palabra un amigo había jugado y perdido una suma. Recibida la carta con el petitorio de dinero, aquél contestó: «Te mando las cien dracmas que perdiste, y cien más por haber tenido fe en mí».

Cosas como éstas, Estrada, se ven a veces, y felices nosotros, usted y yo, que podemos verlo.

Calculo que a fines de noviembre —fin de año, pongamos— tendré ocasión de ejecutar la primera parte de la precitada carta. Y ahora recuerdo que Leonardo Glusberg me acaba de asegurar remisión de fondos pedagógicos para fines de noviembre, a más tardar. Seguro, pues.

Ahora usted. Yo creo, y tengo la convicción plena de ello, que a usted le hace falta cambiar de ambiente, transitoriamente, desde luego. Yo mido bien la desesperación en que se halla en algunos puntos, cuando se lanza a un acto de extraordinaria generosidad como sobre una tabla de salvación. Entre toda la porquería ve usted un punto luminoso y se precipita allá, ciego. Tan ciego, que si usted hubiera estado convencido de que yo nunca hubiere podido devolverle su dinero, hubiera usted por ello mismo duplicado la suma. ¿Me entiende, verdad? Se ha precipitado usted sobre un rayo de esperanza en tanta tiniebla y yo soy un hombre, amigo Estrada, que puede comprender todas las profundidades de una verdadera amistad. Usted también lo sabe, y por eso me escribe, —y en paz.

¿Tiene usted verdadera dificultad en llegar hasta aquí? Sobre el aspecto económico, usted podría obtener alguna rebaja que llevaría el monto total de gastos a $ 200. A pesar del trastorno que siempre supone un gasto extra, considero que usted se halla en mala situación espiritual, y necesita ayuda. Yo se la podría dar, de pecho abierto, pero no puedo ir hasta usted Tampoco allí tendría gran influjo mi ayuda. Pero aquí, sí; yo hallé ya mi camino que puede ser el suyo como lo ha sido el de tantos otros. La percepción que usted tuvo de otro existir cuando hombreó bolsas, no es una percepción vana.

Y su girar aparentemente huero alrededor del banco de carpintero, tampoco lo es. Puede no ser usted en definitiva el hombre del plácido retiro a la naturaleza; pero el verme a mí en ello, el ver cómo me desenvuelvo y concilio cosas, le hará enormemente bien. Si usted cobra aliento y se purga bien de torpezas, esperemos el momento de charlar. Mas si no mejora rápidamente, piense en nosotros.

Hasta otra muy inmediata a ésta, e infórmeme de su salud. Un muy fuerte abrazo

Cariños de casa.

H. Quiroga

6. Noviembre 26 de 1935

Querido Estrada:

¿Qué anda maquinando? Envíeme unas líneas ya bien esperadas, pues en su última del 28 de octubre, anunciaba otra inminente, que no llega.

Haga tratamiento amistoso, que es bueno.

Saludos

H. Quiroga

7. Diciembre 13 de 1935

Querido Estrada: No le escatimaré unas letras, aunque usted diga no tener tiempo para devolverme la pelota. Bien sé lo que es hallarse solo, con un violín, una pobre pluma o un ensueño frustrado. Y las amistades que se afirman entonces cogen como calenturas. Claro que vamos a tener días de nobilísima amistad. Se puede poner la cabeza en el tajo por ello.

Yo anduve con un poco de miedo por usted, cuando le cerró la llave al arte. «Con la presión que tiene, —me dije— este hombre estalla»—. Y todavía temí cuando tomó el violín, a guisa de uke lele. Mas veo que el arte prosigue, con cambio de frente únicamente. Porque como usted bien decía, cuando se nació rengo, se renguea y se debe renguear toda la vida. Ahora estoy muy tranquilo a su respecto. Componga, amigo, con el entusiasmo con que escribía. El asunto está en arder. Tengo, desde luego, gran curiosidad por oír con el tiempo algo suyo. Yo no soy muy docto en música, pero tengo extrema sensibilidad para esa divina musa. Creo haberle dicho que de no haber nacido para la pluma, hubiera sido músico. ¿Quién sabe? Acaso nos encontremos un día en colaboración literario-musical, —o en quién sabe qué endemoniada simbiosis. Pájaros: por muy extrema debilidad, tengo 19 especies que viven conmigo, y a las que alimento. Para ello, me decidí en estos días a encerrar a las gallinas, que aunque utilísimas en libertad, ofenden a los pájaros. Y con pájaros y plantas, nada más puedo pedir.

A propósito: no olvide ni ahora ni nunca que aquí en mi inmediata vecindad hay una hectárea para usted en propiedad, donde tiene usted todos los pájaros que desee y donde cabe su violín. No sabe uno si cualquier achaque puede relegarlo a un clima tal como éste. O la soledad, o el diablo. Mi compañía, además, vale un buen pájaro.

No sé si le conté uno de mis grandes éxitos: A raíz de la publicación de «Frangipane», recibí carta de un médico de Tandil, quien me informa de que sugestionado a su vez por la magia de aquella palabra, había pedido por telegrama una planta de aquél a la Escuela de Agricultura de Posadas. Cosas muy gratas.

Alberto Prando, que pasó unos días con nosotros, me habló efectivamente de un amigo que lo era a la vez de usted.

Espero para fines de éste concluir con el asunto jubilatorio. Enseguida se irán a ésa mi mujer y la nena.

Adquiera, amigo, un poco de disciplina sentimental, y escríbame aun venciendo alguna resistencia. Muchos afectos para Ustedes de casa, y un fuerte abrazo.

H. Quiroga

8. Enero 12 de 1936

Querido Estrada: Dejé pasar largos días después de su última, confiando en que de un momento a otro le enviaría carta sentimental y de negocios. Estos se han atrasado hasta hoy. Pero anteayer recibí por telegrama de Montevideo la fausta nueva de que ayer, sábado, saldría la liquidación jubilatoria a mi orden. Espero pues enviarle por correo próximo un giro sobre casa de comercio de ésa.

Como le exterioricé mis descalabros económicos, lo inicio en mis posibilísimos éxitos. En el Uruguay está a la firma una partida ministerial para gastos de representación consular, acordada en $ 75 oro uruguayo. Como estas asignaciones se giran en dólares (vaya a saber por qué), los tales 75 se convierten en más o menos $ 300 m.n. Agregando a éstos los $ 130 de la jubilación, me hallo pues propietario de 430 pesos mensuales —el paraíso sobre Misiones—. Aprecie usted la enorme tranquilidad que esto representa para nosotros. No aspiro a más. Y ojalá sea todo cierto.

Sabrá usted que entre los varios amigos que porfiaron para sacarme del paso ante el gobierno esquivo del Uruguay, ninguno tuvo el brío de Amorím, ahí donde usted lo ve. A él le debo, en grandísima parte, el estado actual y próximo. Débole, pues, eterno agradecimiento. Porque poseo en grado máximo esta contrita virtud, también piedra de toque de un hombre leal.

—He leído bastante a Hudson, aunque no ciertamente tanto como usted En total, creo: *La tierra purpúrea, El Ombú* y *Allá lejos*... Tal vez algunos cuentos sueltos. Y a vi su amor al autor cuando elogió usted un cuento suyo. Y en cuanto al amor al hombre, yo lo profeso al igual de usted, con menos fervor acaso, porque usted lo está admirando hasta ahora desde lo lejos de su vida urbana, y yo estoy viviendo un poco la vida natural, —hudsoniana.

Cuando Munthe (autor de *El libro de San Michele*) se aisló en la isla de Capri, repuso a los estetas que se pasmaban de su carencia de música (¡él, Munthe!): «¡Pero tengo los pájaros!» Probablemente durante una hora en el día Munthe hubiera tocado con éxtasis su violín; pero en el resto de las 23 horas sobrantes, solo pájaros. Y el goce, la normalidad y la supervivencia de estas 23 horas son al fin y al cabo la vida misma. Por esto cuando compre su campo (¿vivirá usted en él?; tengo curiosidad de saber esto), tocará el violín cuando justo y preciso su alma tenga sed de él. «Beber, comer y amar cuando realmente se tiene ganas».

—Escribí a Glusberg, no sin darle un poco cuenta de mis disgustos ante la prédica comunista del amigo en cuestión. Me va a contestar malhumorado. Para peor, le decía que se me había ocurrido una alegoría sobre el tópico, de suma eficacia, que no escribía por respeto a la buena causa de verdad. La esencia de la fabuleja es que para muchas gentes el trabajo no es una virtud, ni una maldición, ni una necesidad, ni un heroísmo, sino un programa. Y es lástima que se me haya ocurrido contra mis propios lares [?].

Tiene usted que ver un día mi jardín y mis pájaros, amigo. ¡No se sigue el espinoso sendero que se ha abierto ante nosotros, sin llegar a ver la zarza ardiendo! Piense de nuevo en lo interesantísimo que le resultará a usted —y a su mujer, des de luego— contemplar la vida que puede hacer un ser honesto.
Fuerte abrazo y saludos
H. Quiroga

9. Enero 16 de 1936

Querido Estrada: Incluyo en ésta cheque por la bendita suma adeudada. Recién he podido hacerme de unos pesos. Hoy sale para ésa María, que irá a verlos muy en breve.

¿Recibió una mía de días atrás? Confío en que sí.

Deme noticias solicitadas, duro con el violín, y saludos a su mujer. Un fuerte abrazo

H. Quiroga

10. Febrero 8 de 1936

Querido Estrada: También acuso recibo yo de dos —tal vez tres— cartas suyas. No olvide de decirme si la miel no volcaba de su envase. Creo que la tira con cera, aunque buen ajuste, no estaba en forma. Como proveeré *ab eterno* a ustedes de miel, el dato solicitado es importante. A la hora presente ya María se habrá puesto al habla con usted. Ambos, ella y yo, apreciamos en lo que vale la amistad de ustedes

—Confieso que al principio tenía dificultad suma para descifrar su letra. Ahora me he acostumbrado. Continúe, pues, su caligrafía. También a la hora presente habrá concluido usted. *El Libro de San Michele*, apreciando así cómo y por qué éste constituye mi biblia. En una revista universitaria de Santiago que me mandó Glusberg, hay dos capítulos de aquel libro, suprimidos *pour cause* en la edición francesa. Uno sobre Maupassant. Se lo enviaré.

Este Glusberg anda un poco desvariado con un exceso de ego en su mollera, me parece. Tiene a veces conmigo un tono altanero y chocante que no nos queda bien, ni a él ni a mí. En su última, a propósito de una nueva confirmación mía de mi libertad espiritual, me dice: «si usted se conforma con ser libre cuando otros no lo son, conformes; yo no podría». Esto no está bien, yendo de un mozo calenturiento recién iniciado en la vida, a un hombre que le lleva treinta años de juicio. Como a mí no me interesa hablar de ideologías ni chismes literarios, no sé en verdad qué podremos comentar en lo sucesivo con él. Me extraña su actitud para con usted ¿No hay una cuestión de despecho o de celos de por medio? Claro que es penoso un contraste sentimental de tal porte. Hay que llegar, pues, a lo de Munthe, Kipling, y yo, en mi pequeña esfera: hablar con profunda paz con gentes de buen corazón e ignorantes. Anda por acá un mecánico italiano venido a menos, bueno, alegre e insensato, como es natural en este momento he dejado de escribir para correr ante el fuego del campo que amenazaba el bambuzal. No sé si usted conoce esta tarea contra el fuego, que naturalmente se enciende con sequía, calor y a la siesta. Es cosa muy dura. Ahora he vuelto, triunfante, pero con los ojos doloridos, a través y todo de los vidrios.

Prosigo con el mecánico. Tiene cerca de aquí su mísero taller. Sabe trabajar, pero no ganar. No cobra. Un patrón le dijo: «usted necesita tutor; de otro modo va a morir siempre pobre». Es, como ve, un niño grande, a modo de los amigotes de Munthe. Me hace preguntas sobre el destino de la vida, tal y tal, apoyando su cuestionario en los dedos, como a la murra. Charlo largos ratos con él. Y francamente, cuando entre estas profundas calmas veo en *El Hogar* la reproducción de un banquete literario con Capdevila, Moreno y Cía., me pregunto con asombro cómo se puede vivir esa vida.

Respecto del tríptico, creo que debe de hacer lo; eso, o cualquier cosa que empuje de adentro. Usted tiene un manantial, velis nolis, y es absurdo y criminal querer cegarlo. En las épocas de sequía espiritual (también las hay, bien normales y fisiológicas), descanse. Pero cuando retornan las lluvias, deje correr para afuera. ¿Le parece bien?

¿Su mujer anda pintando por Jujuy? Cosa más rara. ¿Por qué Jujuy? Cuénteme esto.

Si el violín está momentáneamente callado —lo sospecho— déjelo tranquilo. Lo más desconocido, inescrutable y gigantesco de lo subconsciente, radica en el arte. Más todavía que en la histeria de una mujer. Sabe Dios por qué a veces se tienen ganas, y a veces no.

Va un gran abrazo, amigo. ¡Pocos de éstos quedan, ay!

H. Quiroga

11. Marzo 29 de 1936

Querido Estrada: Ando escaso de papel, de dinero, de esperanzas y qué sé yo. Usted había quedado en escribirme cuando regresara de Jujuy, acontecimiento ya producido, a lo que creo. Sabe usted qué importancia tienen para mí su persona— y sus cartas. Voy quedando tan, tan cortito de afectos e ilusiones, que cada uno de éstos que me abandona se lleva verdaderos pedazos de vida.

Abrazos

H. Quiroga

12. Abril 11 de 1936

Querido Estrada: Yo estaba en efecto muy desanimado cuando le escribí mi breve anterior. Hallándome espiritualmente solo en mi matrimonio, me había hecho la ilusión de que su venida —por corta que fuera— era un hecho. En esos días dudé; de allí la carta. Y veo que presentía bien, pues su anotación de que vendrá usted *un* otoño o invierno propicios, lo confirma. No en *este* invierno. ¡Qué hacer! Lo que yo tengo es lo que usted conoce: desentendimiento sentimental en casa que va —forzosa y fatalmente— a una solución amarguísima. Son ya casi ocho años de matrimonio; dos vidas enderezadas a un mismo porvenir de ilusiones, al principio y en su parte media, y de desilusión, al fin de estos ochos años. Acaba de escribirme mi mujer: ...«Es espantoso lo rápido que se han pasado estos tres meses. Tener ya que volverme». ¿Calcula usted los trastornos de todo orden paternal y económico que acarrea una separación legal o un divorcio? Más todavía: no ignora usted tampoco, creo, mi poco éxito con mis otros dos hijos. Con la mujer —golpeada también— me voy entendiendo poco a poco por carta; con el varón no nos entendemos casi nada. Así, pues, fracaso de padre, en los últimos años, y fracaso de marido, ahora. Yo soy bastante fuerte, y el amor a la naturaleza me sostiene más todavía; pero soy también muy sentimental y tengo más necesidad de cariño —íntimo— que de comida. A mi lado, mi mujer es cariñosa a la par de cualquiera, pero no vive conmigo, aunque viva a mi lado. Y yo no puedo permitir esto. Bueno, ahora: lo terrible de todo esto, es que tenemos una afinidad verdaderamente milagrosa de carne. Yo esto lo conocí desde el instante que le di la primera vez la mano. Ella dice que sintió igual cosa. Ate usted cabos, amigo, y verá si tengo motivos para estar doblado. Yo podría conformarme con tener a mi lado una extraordinaria amante; pero no me basta esto. Prefiero amar a una sombra lejana, a mis ilusos cincuenta y siete años; pero no fornicar solamente. En fin, dejemos esto.

Sabrá usted que hace unos 20 días quemé una buena porción de monte para despejar el sitio donde usted podría ubicarse en caso de decidirse a vivir aquí. Trabajé algunas mañanas limpiando el terreno, hasta que me entraron tristes ideas sobre [su] venida. Tenía razón. Le repito lo de la hectárea —más si quiere– regalada a usted Siempre es suya. Allí justamente trabajaba en el desmonte.

En una anterior usted emitía sus dudas sobre el entendimiento de dos amigos face a face. Creo que puede acaecer, siempre que los dos amigos sigan la misma derrota —no espiritual, que sería lo de menos—, sino material. Por ejemplo, si usted sintiera nacer en usted el amor a la tierra, al plantar, a hacer su casa, hacerla prosperar trabajando manualmente en ello, estoy seguro de que no se levantaría una nube sobre nuestras personas amigas. Si no, hay peligro. Pues ¿qué puede ofrecer el desierto a un hombre, si éste no se empeña en sacar de él un paraíso? Recuerdo ahora una observación suya sobre Munthe: *supercivilizado.* Tal es; Munthe ([abolió trocó el canto de los pájaros]) trocó la música artificial por el canto de los pájaros, pero se quedó con sus monumentos históricos, más artificiales todavía. El poeta tuvo razón: los palacios de las nubes son los únicos verdaderos.

Por todo aquello le decía que era prudente venir por un mes o dos a estudiar el país y el despertar de sus posibilidades. Que eso lo hará usted un día, tarde o temprano, si logra al fin arrancarse a la hidra urbana.

Me parece muy bien que reestudie sus temas de cuentos. No me olvido nunca del de las hormigas. Haga, amigo, haga lo que tenga ganas de hacer, por aquello de la ola interna para detener la cual no hay esclerosis que valga. ¿Y en verdad cree usted tener o tiene arteriosclerosis? No sería extraño; abunda eso más de lo que uno cree. Yo, por mi parte, flaqueo por el lado de la uretra, próstata o vejiga. Tendré que hacerme ver un día.

Se me va el correo. Me quedaba todavía el asunto *muerte*, sobre cuyas esperanzas o temores tengo ideas no escasas.

Saludos a su mujer, fuerte abrazo

H. Quiroga

[Margen izquierda: transversalmente] Conteste a ésta; así normalizaremos la amistad. Bien ve usted en ésta que le he abierto mi vida.

13. Abril 15 de 1936

Querido Estrada: Le escribí una larga, aunque inconclusa. La noche en que lo hice estaba bastante deprimido, como usted habrá visto. No he exagerado nada, sin embargo. Me falta ahora comentar el caso de la nena y el de sus ideas mortuorias. Lo haré con largura.

Un gran favor, ahora. Retransmítame a Montevideo, por encomienda postal, lo que le envíe a su nombre y dirección. Se trata de un juego de flechas, artículo de sport. Consígnela a la dirección siguiente:

DR. ASDRUBAL DELGADO
Florida 1431
MONTEVIDEO

Este Delgado es uno de los 3 o 4 amigos que, como usted, hacen la vida vivible todavía.
Más que agradecido, le envío un fuerte abrazo
H. Quiroga

A mi mujer debía de haber encomendado la tarea; pero ella debe de salir mañana de ésa.

14. Abril 29 de 1936

Querido Estrada: acabo de leer su carta. Hoy ha sido un día fecundo: Esta mañana comencé la piscina para juego de la nena y refresco de las plantas en verano. Inicié la limpieza del parque. Fui y volví diez veces a la casa del mecánico, en el coche con un elástico roto, tras el arreglo del tractor (¿le enteré de la adquisición de este tractor de 4 caballos, por $ 50?), que se ocupaba en chupar agua a través de la junta, cosa que, averiguada, me satisfizo grandemente, pues sé ya lo que tiene. Recibí hace media hora 8 cartas —record—, inclusas la suya, dos de mi mujer, una de la nena, otra de la Caja de J. y Pensiones, con cheque por $ 1.295 m.n. (¡por fin!), y otra de Miomandre, con cheque por $ 81 m.n., importe de la mitad que me corresponde por publicación de «Una bofetada», traducida por aquél, y aparecida en un número de *Vendemiaire*, revista de París (Han pagado 700 francos; no está mal).

Ve, pues, que tengo razón al apellidar fecundo al día de hoy.

Debo de advertirle que en las últimas cartas mi mujer ha reconocido su yerro. No lo confiesa (¡es tan difícil que las mujeres confiesen lo que fuere!); pero se siente la contrición de sus excesos de boca. Persistiendo siempre la situación señalada, cabe hacer notar que ella misma no se da ni dio cuenta exacta de lo que decía. Algo más: ha andado correteando desesperada tras el más insignificante encargo mío, incluso compra de una orquídea en $ 20, manifiestamente para mí. La complejidad es femenina, no cabe duda. Y las mujeres emotivas, creo que sin excepción, razonan como lo hace un hombre con 40 de fiebre. Tienen para la vigilia la lógica descabellada que nosotros hallamos solamente en lo más absurdo de los sueños. Por lo cual, mientras mi propia esposa me escribía que juzgaba espantosamente rápido el tiempo pasado, iba y venía empapada en sudor de lo de Roseda a lo de Rosette, tras unos botines patrios, a fin de enviarme lo más perfecto y sublime. ¡Al diablo con las mujeres!

Hablemos ahora de la muerte. Yo fui o me sentía creador en mi juventud y madurez, al punto de temer exclusivamente a la muerte, si prematura. Quería hacer mi obra. Los afectos de familia no fiaban la cuarta parte de aquella ansia. Sabía y sé que para el porvenir de una mujer o una criatura, la existencia del marido o padre no es indispensable. No hay quien no salga del paso, si su destino es ése. El único que no sale del paso es el creador, cuando la muerte lo siega verde. Cuando consideré que había cumplido mi obra —es decir, que había dado ya de mí todo lo más fuerte—, comencé a ver la muerte de otro modo. Algunos dolores, ingratitudes, desengaños, acentuaron esa visión y hoy no temo a la muerte, amigo, porque ella significa *descanso*. That is the question. Esperanza de olvidar dolores, aplacar ingratitudes, purificarse de desengaños. Borrar las heces de la vida ya demasiado vivida, infantilizarse de nuevo; más todavía: retornar al no ser primitivo, antes de la gestación y de toda existencia: todo esto es lo que nos ofrece la muerte con su descanso sin pesadillas. ¿Y si reaparecemos en un fosfato, en un brote, en el haz de un prisma? Tanto mejor, entonces. Pero el asunto capital es la certeza, la seguridad incontrastable de que hay un talismán para el mucho vivir o el mucho sufrir o la constante desesperanza. Y él es el infinitamente dulce descanso del sueño a que llamamos muerte. Yo siempre sentí (aun desde muy pequeño), que la mayor tortura que se puede infligir a un ser humano es el vivir eternamente, sin tregua ni descanso (Ashaverus). ¿Se da cuenta usted de un sobrevivir de mil años, con las mezquindades de sus jefes, de sus amigos a cuestas? ¡Ah, no! La esperanza del vivir para un joven árbol es de idéntica esencia a su espera del morir cuando ya dio sus frutos. Ambas son radios diametrales de la misma esfera. ([Los dos comienzan y concluyen.])

Ya me iba desorbitando un poco. Pero total: día más, día menos, usted también llegará a considerar como un refugio que nadie nos puede escamotear, ese rinconcito del olvido y paz.

Creo también que su fobia a tal descanso no es persistente en usted Pero usted hierve un poco, amigo, y de aquí los golpes intermitentes y desiguales en la tapa de su tetera. ¿Cierto? A Dios gracias.

Ahora viene un punto sobremanera interesante para mí, y es su posibilidad de llegar hasta aquí. Voy a informarlo de todo con el método posible.

Industria yerbatera. —Ni qué pensar en ésa. De capa caída, y la nueva plantación de yerba prohibida, o punto menos.

Plantación de citrus. —Cualquier variedad de naranja, menos mandarinas, por no resistir el viaje. Con gran preferencia, limoneros. Constituye hoy el hobby del país.

Té. —Magnífico, también. Hay ya viveros para cuatrocientas hectáreas en una sola finca.

Granja, especializada en tambo. —Seguro. Aquí, en San Ignacio, hay una venta diaria de cien litros de leche, y con dificultades. Cualquier tambo formal se apoderaría del mercado. Hay ya algunos que estudian el asunto.

Estos son los renglones en que se podría prosperar con certeza. Le daré algún detalle económico.

Citrus. —En mi chacra (50 hectáreas) hay un naranjal muy vasto, semi tapado por el bosque. Hace cuatro años quité los árboles, raleé un poco los naranjos, y ese mismo invierno vendí 45.000 [sic] naranjas (árboles estropeados por el tumbaje de los palos) a$ 2.50 el millar, en el árbol. Vale decir, todos los gastos de cosecha por cuenta del comprador. Al año siguiente cayó aquí la langosta, que hizo de las suyas, y atrasó en tres años el progreso del naranjal (expansión lateral de la copa). Asimismo, vendí por valor de $ 1.250, de los que devolví generosamente 100 al comprador, por error de cálculo de éste. Precio de venta: $ 2.50. El año pasado no se vendió la fruta por abarrotamiento de naranjas en ésa, a causa de otro mal cálculo de los productores correntinos. Logré vender sin embargo un poco tarde 20.000 naranjas, a $ 3 millar. Este año, ya en marzo cayeron los compradores. Hice contrato por toda la fruta, a un precio básico de $ 3, que subirá en razón del mercado en el momento de la recolección. Subirá —o ha subido ya— a $ 5. El comprador me dio $ 150 en garantía. Como promete venir a cosechar temprano (es su interés), puede haber disponibles 200.000 en el peor de los casos, y muy probablemente 300.000. Lo que importa $ 1.500. Ese comprador me dijo, mientras recorríamos el naranjal:

—«Si usted arregla esto como dice (replante, etc.), yo le prometo, Sr. Quiroga, ponerle todos los años en las manos un cheque por $ 4.000». Con lo cual quedé bizco.

Yo fui quien vendió primero naranjas aquí, y pagaron$ 0.80 el millar. Esto era en 1917. Durante mi ausencia en ésa, no sé qué precios se obtuvieron. Aprecio que 1.50 o 2. Luego, en 1933, 2.50; en 1934, 2.50; en 1935, 3; en 1936, 5. La progresión es significativa.

Posiblemente podemos contar con un precio de 3.50 a 5, de aquí en adelante.

Los naranjos se plantan a 7, 8, 9 o 10 metros. En este último caso, a razón de 100 por hectárea. Pongamos 8 metros, como término medio razonable. Con árboles a tal distancia, se puede contar con una producción de 700 a 1.000 frutas por pie.

1 hectárea = 100.000 naranjas = $ 400
Gastos de cultivo anual = $ 20

Limoneros
Variedad Sicilia, de dos pezones.
Plantación de 6 mts. uno de otro = 225 por hectárea.
Producción: 1.000 limones por pie y por año (el limonero da continuamente, salvo de diciembre a marzo) = 225.000.
Usted conoce el precio de los limones en ésa. Mi comprador me dijo que si yo me animaba a plantar, me garantizaba un precio mínimo de $ 5 el millar. Que serían 7 u 8, seguramente. Luego

1 hectárea = 225.000 limones a $ 5 = $ 1.125
Gasto cultivo anual = 20

Claro está, esto es cuestión de años; de cinco a siete. Mucho menos, si se trata de plantas injertadas. En Apóstoles hay ya 200 hectáreas de limoneros. *Naranjal ya existente.* —En mi caso. Aquí en San Ignacio se puede encontrar alguna chacra con naranjal. Cuestión de limpiarlo (yo limpié las 6 hectáreas que tengo en forma, gratis, pues regalé la madera, con tal de que me dejaran el naranjal limpio. Por hectárea se pueden sacar $ 100 a 150 en leña). Sé de una chacra vecina de la mía, con 21 hectáreas, de las cuales 6 o 7 de monte (3 con naranjal), aguada permanente, 3.000 plantas de yerba ($ 300 o 400 anuales, creo que más o menos), dos ranchos en forma, alambrados, etc., al precio de $ 5.500 (cinco mil quinientos) tal vez $ 5.000.
Se hallarían otras fincas. Fuera de la espléndida hectárea que le tengo reservada.

Clima. —En ningún caso es peor que Buenos Aires, Carué, Jujuy o Córdoba. Téngalo por seguro, y no piense en eso. Piense en sus antepasados los conquistadores.

Gastos mensuales de decente y agradable vivir, sin estrechez ninguna == $ 200. Es nuestro presupuesto general, con coche, sirvienta, almacén, ferretería, etc., y en casa se derrocha bastante. Una menagere rebaja a $ 150.

Industrias locales. —Las hay; estudiaríamos.

Resumen económico: usted podría invertir aquí en instalar una plantación de lo que fuera, con lo que tendrá usted que invertir en cualquier Córdoba, solo para comprar la tierra. Así creo. Todavía más: tal vez se pudieran adquirir 10 o 12 hectáreas, tan solo, y de sobra para sus necesidades, por la mitad de precio. Todavía: viviendo Ustedes inmediatos a nosotros, podríamos adquirir a medias maint producto, con la economía del caso.

Y fin, querido amigo. Tiene para pensar un rato con ésta. Infórmeme de su impresión, sin dejarla enfriar, y reciba para usted y los suyos vivísimos afectos. H. Quiroga

[Margen izquierda: transversalmente] Para subvenir a las necesidades diarias, hay plantaciones de éxito.

Mayo 13 de 1936

Última verba. —Con la llegada de María y otras aventuras, esta carta quedó en suspenso. No la he releído; pero sobre lo importante de ella (posibilidad de su instalación aquí), recuerdo que hablé del rendimiento del citrus sin detallar gastos, y que exageré sin duda el costo de la vida. Cierto que gastamos $ 200 mensuales, todo incluso. Recordando esto, le detallo precio corriente de algunos comestibles.

Papas	K	$	0.30	Leche	K	$	0.20
Harina			0.25	Nafta			0.23
Carne			0.30	Azúcar 1.ª			0.40
Pan		+-	0.40	Café			1.60
Cebolla			0.30	Arroz			0.50

Lentejas	0.50	Maíz	0.05

y el resto más o menos. Puede calcularse un recargo de 20 % sobre los productos importados. A veces menos. Los productos vegetales del país son más o menos:

Bananas docena	$ 0.10	siempre a mucho menos precio que en ésa.
Mandioca K	0.04	Vaca lechera, de 3 litros diarios, escasa pero rica en manteca $ 70 a 80 caballo mediano 35 a 40
Batatas	0.05	
Choclos docena	0.15	
Lechugas, chauchas, verduras diversas cuando las hay		

Et sic de coeteris —Pero insisto en lo que le dije en una anterior: Si usted cree firmemente que concluirá sus felices días ante dios, las piedras y el agua, aquí o en Córdoba, es obvio que usted debe venir a olfatear el país durante un tiempo, antes de largarse definitivamente. Lo mismo digo para Córdoba. Es elemental. Usted tal vez pueda conseguir buena rebaja de pasajes hasta ésta. Cuestión de $ 130 en todo caso. Aquí, nada. Mas calculando que para subir con seguridad una escalera desconocida, hay que asegurarse del estado del primer peldaño, aquel capital es lo menos que se puede arriesgar para el anteproyecto de tal obra.

Aquí hay ahora un médico amigo nuestro, cuyos padres, ya al año, vinieron a ver a su hijo. El padre ha sido gerente de Thompson, creo que hasta su liquidación. Pues bien: vio esto y se enloqueció. Se viene acá, a una chacra que comprará de inmediato, para lo cual ha puesto en remate sus dos casas. Cuentan que pasa el día ensimismado —suponen que de preocupación—, hasta que el señor se estremece y despierta. «Sí, —murmura— mejor es que haga afilar las gubias primero»... Y así todo.

Bien, querido Estrada. Tiene para divertirse con esta carta. Medite y conteste
—Si llega a interesarle el caso, una vez aquí, yo le vendo 8 o 10 hectáreas para
sus necesidades a precio económico.

Un fuerte abrazo y cariños a su mujer

H. Quiroga

15. Mayo 21 de 1936

Querido Estrada: Ayer llegó su carta del 14. Ante todo, líbrese de creer que yo pueda disgustarme por lo que fuere, viniendo de usted Me refiero a su inquietud por el efecto de las preguntas que me hizo sobre posible vida aquí, etc., y sobre lo que informé bien ampliamente. Yo solamente me disgusto cuando me hieren con intención exclusiva de hacerlo. ¡Pero de parte suya, amigazo! Bien sé que ambos, entre tal vez millones de seudo semejantes, andamos bailando sobre una maroma de idéntica trama, aunque tejida y pintada acaso de diferente manera. Somos usted y yo, fronterizos de un estado particular, abismal y luminoso como el infierno. Tal creo. Mi salud, en efecto, se desquició. Mis molestias urinarias se acentúan rápidamente. Dos médicos de aquí —uno permanente y otro de paso— me han examinado la próstata, no muy hipertrofiada, parece, pero endurecida. Como aumenta día tras día la dificultad urinaria, ambos me aconsejan sobre la marcha la operación prostatómica, tras nuevo examen que se efectuará el domingo. Resulta que hay en Bonpland (25 K desde aquí), un médico húngaro que hizo toda la guerra (magnífica cosa para el ejercicio de la cirugía) y que tiene allí un sanatorio donde opera a maravilla. Los informes son todos óptimos. Lo iré a ver, y veremos luego. No me hace ninguna gracia esto, como bien comprenderá. No tanto el peligro de la operación o sus consecuencias como el lado económico que, usted también lo ha de saber, se antepone a secas [R.I.] de codos o los demás lados. En fin, ya lo informaré. Sentiría mucho, sí, verme baldado para el resto de mis días, sin poder trabajar como lo hago. Pero, como también es cierto y justo, no hay desgracia que no deje una ventanita abierta hacia un goce que se ignora cuando se es todavía un sano bruto. Ya hallaré la ventanita. Dícenme que con la extirpación de la próstata (como a Terra), vuelve el cuitado a orinar como antes... dudo que sea solo aquel órgano el afectado. Mas conforme al final con mi situación ante la muerte ya comentada en mi carta anterior, solo veré mañana o pasado en el sueño profundo que nos ofrezca la naturaleza, su apacibilísimo descansar. No creamos, sin embargo, que este sentimiento es derrotista en mí. He de morir regando mis plantas, y plantando el mismo día de morir. No hago más que integrarme en la naturaleza, con sus leyes y armonías oscurísimas aún para nosotros, pero existentes.

Y a propósito de armonía: magnífico por su violín, que creía un poco olvidado. Violín o planta, amigo, como usted dice, se valen.

Espero que se extienda, si le sale bien, sobre sus nanas. Es un buen tema para ser tratado entre gentes inteligentes. ¿No hay causales de vida se dentaria en sus várices? Ponga coto a eso.

Fuerte abrazo, compañero, y saludos para su mujer míos y de acá.

H. Quiroga

16. Junio, domingo (creo que 14) de 1936

Querido Estrada: Llega ayer su carta, donde me da usted la excelente nueva de su posibilidad de llegar hasta acá. ¡Por fin! Aunque a esta altura del año usted debería estar ya decidido a ello —¡falta tan poco!— transo perfectamente con lo de proyecto. Usted verá así, si viene, el interés que puede ofrecerle este país, para trabajar o simplemente vivir. Los espero, con los brazos y las puertas abiertos.

Mi presunta operación prosigue sobre el tapete del diagnóstico. No sé si le dije que disentíamos un poco con los galenos sobre mi enfermedad. Yo estoy con que hay más trastornos funcionales que anatómicos: espasmos, inercia de la vejiga, etc. El ciclo de tres años ha regido una infinidad de dolencias en mí. En el transcurso de este 1936 debe definirse esto. Por lo pronto, estoy mejor que hace un par de meses. Cualquiera de estos días bajaré a Posadas a obtener un nuevo diagnóstico. He descartado la operación aquí, por haberme informado de que el cirujano en cuestión no se atreve con aquélla que, si no grave, es siempre seria. Deberé pues bajar a Buenos Aires cuando llegue el momento. Confío en que, en el peor de los casos, aquél me dará tiempo hasta la primavera. Ojalá.

Sobre el asunto muerte, querido Estrada, yo creo que lo que pasa es que usted y yo estamos colocados en dos puntos de vista: usted en la plena madurez-juventud de la vida, y yo en la madurez declinación de la misma. Naturalmente, usted mira con desconfianza un hecho que para usted es aún prematuro. Yo, no; y de aquí mi conformidad y hasta —¿qué quiere?— curiosidad un poco romántica por el fantástico viaje.

Peor que todo esto es mi gripe, bastante ruda en los tiempos pasados, que no me deja aún hacer nada. Estoy saliendo de ella sin fuerzas para nada. El menor esfuerzo me larga a un diván por media hora. Desde hace tres días, sin embargo, prospero visiblemente. Me acuerdo de los tres meses que pasé en el jardín de casa sentado con la mano en cabestrillo. Fue muy fuerte aquello. Y pasó. Yo tengo —se lo debo de haber dicho— gran fe en mi estrella. Por ello esperé confiado en la recomposición tardía de mi mano, que llegó, y en la no operación prostática.

Mas por abajo de su excesivo sentimiento de *responsabilidad* de que hace usted gala: ¿es cierto o no que en una temporada de campo hombreó usted bolsas con gran éxito? Si esto —o cosas similares— las hizo usted varios días, con igual sentimiento de fortaleza, ¿no puede usted haber conocido allí su camino de Damasco? ¿Analizó usted bien su situación de gran conformidad con la línea natal que lleva en paz hasta la muerte? Vuelva a pensar en aquello, que vale la pena.

Mándeme usted también dos líneas enseguida, pues [hace] bien su inquietud [a] mi enfermedad pasajera.

Saludos a doña Agustina, y un muy fuerte abrazo de

H. Quiroga

17. Junio 19 de 1936

Querido Estrada: Me he quedado solo. María y la nena se fueron anteayer. La crisis, pues, se produjo. Pero no sin desgarramiento de una y otra parte, pues nueve años de vida en común, de los cuales siete de amor, pesan mucho. No he tenido valor para privarla a mi mujer de su hija, su único gran amor. La nena sufrió un cambio muy grande en su esta día última en ésa. De compañerita íntima mía, se convirtió en una criatura ingrata. Influencias varias en ésa. Convine con la madre en costear los gastos de mi hija; aquélla quiere ganarse la vida, y hace bien en pensar así. María en una criatura grande, pero creo que incorregible. Necesita una lección dura, y tal vez se la lleve. He quedado muy dolorido de la última escena de despedida, cuando lloró y lloró en mis brazos hasta volcar el corazón. Se da bien cuenta de la situación. Le dije: «Cuando veas claro un día, escribime». Temo que nunca lo vea, y el tiempo irá apagando el fuego un poco espectral de un amor difunto. Tal es el caso. No hay más amor como dios manda; pero hay el recuerdo, reavivado hasta hacer sangre, de un grande, pasado amor.

Es, pues, necesario que venga a acompañarme, amigo por excelencia. No pienso sino en la probabilidad de tenerlo por aquí. Haga un esfuerzo, si puede, en aras de un amigo como yo, de los que hay pocos. Aun cuando Ustedes no se animaran a venirse del todo —ya veremos la impresión de Ustedes—, estoy casi seguro de que el país les parecerá de perlas, y podré contar en el peor de los casos con la visita anual de Ustedes, en las vacaciones. El calor se soporta aquí mejor que allí mismo, créalo. Y yo iría en invierno a pasar una temporada allí. ¡Si viera qué inmenso desahogo me provoca el hablar así, y con usted! ¡Estoy tan solo!

Creo que lo más cómodo y barato es el viaje por vapor, pasaje ida y vuelta hasta San Ignacio. Podrían detenerse en Posadas, dormir allí y proseguir viaje al día siguiente para ésta. No lo aconsejo. Si mi coche no saltara tanto y tuviera buenos faros, podríamos hacer el viaje de noche. Siempre es posible, si el vapor no llega muy tarde a Posadas, en un coche de los tantos. Pero es engorroso. En viaje directo en vapor hasta aquí, llegarían a este puerto a mediodía. Allí estaría yo. Si deciden pernoctar en Posadas, yo estaré también allí aguardándoles. ¡Pero anímese, Estrada! No se imagina —claro que se imagina— el bien que ello me haría.

He hallado dos excelentes belvedere para su finca. Estoy limpiando el lugar. En cuanto a su estada en ésta, va por sabido que cuanto más tiempo se prolongue, mejor. Me sobran comodidades.

Esta carta saldrá recién el domingo —pasado mañana— de aquí, y usted la recibirá el martes. Si me contesta enseguida, puedo tener su carta el sábado 27. Deme todos los detalles del caso. Dígale a su mujer que la espera aquí una tarea ardentísima de dueña de casa.

Cariños para ella, y un fraternalísimo abrazo para usted.

H. Quiroga

18. Junio 24 de 1936

Querido Estrada: Me da el corazón que esta vez viene usted ¡Los planes que vamos a hacer! ¡Y los planos! No veo el momento de tener su respuesta.

Vuelvo a incomodarlo soezmente con otra encomienda internacional, igual a la anterior e idéntico destinatario: Asdrúbal Delgado —Florida 1431— Montevideo.

En el reverso del cartón adjunto a la encomienda, se hallan ya escritos nombre y dirección destinatario. Aquí me presentaron una serie de documentos en francés para el despacho de la tal encomienda, de lo más absurdo. Por ello preferí jorobarlo. Perdón.

Le dirijo aquélla al propio correo, para evitarle acarreos. Dígame si procedí bien.

Pienso que ustedes podrían ser mis huéspedes perpetuos. Fuerte abrazo y cariños.

H. Quiroga

19. Hay una anterior. Junio 2[5] de 1936

Querido Estrada: Ayer de mañana, por torpeza de la chica a quien envié al correo, no acertó a despachar la correspondencia, y volvió con su carta, entre otras. Perdido el correo del jueves, no queda sino el del domingo, y el martes le llegarán aquélla, ésta y seguramente otra más. Me explico bien su pedido de que le escriba todos los días: en cama, desanimado y con el horizonte turbio, llegan muy bien las cartas del amigo. También le escribo con placer, pues resulta que nos hallamos conversando todos los días —o casi. Me hallo ya bastante bien. Paréceme que hace mil años cuando una mañana casi de madrugada, mi mujer y mi hija se fueron como los pájaros a un país más templado. En verdad, dice usted bien: se me ha comprendido poco, y María menos que nadie. María no solamente no me comprende a mí, sino a ninguno de la casta. ¡Y pensar que nos hemos querido bárbaramente! En *Les Possedés* de Dostoievski, una mujer se niega a unirse a un hombre como usted y como yo. «Viviría a tu lado —dice— aterrorizada en la contemplación de una monstruosa araña».

Mi mujer no vio la araña en Buenos Aires, distraída por el ambiente; pero aquí acabó por distinguirla.

Sin embargo, amigo, no la culpo mayormente. ¡Es tan dura esta vida para quien no siente la naturaleza ni el *ménage*! Y me acuerdo siempre de aquel personaje de Mérimée, que fracasa con una mujer joven y linda. «Me ha hecho feliz cinco meses —dice—, le debo pues mi vida entera.»

¡Qué tremendo y complicado es todo esto! Hay cien razones mortales para condenar, y otras cien para excusar. Pero yo soy un solitario, es lo cierto. Mi exceso de personalidad —como dice mi mujer— me hace sentir cadenas en la más ligera traba a mi voluntad. Una de las cosas que más me ha hecho sufrir es el modo de educar de María a la nena. ¿Pero qué derecho tengo a oponerme, tratándose de una mujer desengañada de su marido, y que pone todo su amor en una criatura que la acompañará toda su vida? Si se tratara de un varón, otra cosa sería. La nena, entre muchas cosas no mías, tiene una sensibilidad muy grande, exagerada, que no proviene por cierto de la médula materna. Pero ([la madre]) la educación de la madre la lleva por lados distintos. Si la nena despierta un día, allí estaré yo.

Viernes

Querido Estrada: He pensado sin cesar en sus piernas, y colijo que el galeno de las várices y el de la infección se equivocan ambos. Allá veremos. No olvide ni por un momento de telegrafiarme cualquier novedad ingrata, en el puerco caso de que llegara a sobrevenir. Soy muy capaz de ir a acompañarle por quince días (con calorífero cerca, ¿eh?), descontando el bien que le haría esto. Entre tanto, y dando también por seguro de que mis cartas lo distraen —usted me pedía noticias diarias—, aquí prolongo ésta interminable.

Son las 20.40 a mis espaldas, donde la chimenea arde a gusto, porque el día ha estado muy fresco. En la radio (estación oficial Montevideo) tocan una balada de los Reyes Magos de Strauss. Por arriba de la mesa tengo el potente farol de nafta. Acabo de picar tabaco negro para mezclarlo con el colorado, según muestra que traía Giambiaggi precisamente esta mañana. Con este Giambiaggi, que vivió un par de años conmigo, nos pasábamos las noches picando tabaco. Hace un rato concluí de reformar a aguja limpia mi gorro nocturno, pues siento ahora frío en la cabeza. El tal gorro es una boina tejida de mi mujer, a la que he agregado orejeras de un viejo pantalón de pana. Queda soberbio. Las noches pasadas he cosido también: un quillango que voy haciendo con retazos de cueros silvestres, y una alfombrita limpiapiés, que he ribeteado con tientos de jabalí. Magnífica también. Y con estas cosas voy solucionando el gran problema de las noches de invierno, que siempre constituyen mi pesadilla. Antes, cuando vivía aquí con mis hijos chicos, iba al taller. Ahora no tengo ya ganas de eso. Tengo que inventar nuevos entretenimientos. Por cierto que siempre bus qué y encontré tarea nocturna, aun en ésa: tanto en la calle Agüero como con los telares y muñecos de barro en V. López. Estoy por decidirme a remendar mis muñecos, muy maltratados por su colocación vecina a la chimenea, donde se han desconchado con el calor. Hoy hablamos con Giambiaggi de pasarlos a bronce o simple aleación de tipo de imprenta, muchísimo más fácil. Si aquél se decide, he de pasar sin sentir muchas noches.

Piense, ahora, lo calmo, cariñoso y admirable de tener aquí un vecino como usted, con quien trabajaríamos sin hablar durante el largo día, para reclinarnos de noche en muelles sillones (los tengo muy cómodos), y hablar, entonces, revivir el alma y los recuerdos que la constituyen en su casi totalidad, cuando se ha hecho ya su doloroso e inmortal deber.

Me informan hoy de un pequeño molino aéreo con dínamo para cargar la batería de la radio. Se suprimen con aquél las pilas intermedias. Un poco caro, pero me resolveré a adquirirlo. Hoy, solo, no podría vivir sin música. Sabía usted que la estación aludida de Montevideo —CX6—, pasa continuamente música como dios manda, sin avisos. Posee una discoteca de 4.000 y pico de discos. Creo que figuran todas las partituras de cámara del mundo.

¿Y el violín, Estrada? Lo sospecho un poco en receso. ¡Bah! Ya lo agarrará usted de nuevo, —u otra cosa cualquiera. «La cuestión —decía yo— no es realizar las aspiraciones. Lo importante es tener siempre una ilusión». ¿No es cierto? ¿Qué importa que no se cumplan, si ya nos han dado la felicidad? Días atrás leí una cosa macanuda: «La vejez solo es soportable con un ideal o un vicio».

Sábado. —A trueque de aburrirlo, prosigo. 14 horas. Llueve que da gusto desde esta madrugada. Desde mis ventanales veo el paisaje mojado, triste y oscuro. Solo con un gato estoy. Esta mañana mi sirvienta, su hijita y su marido se fueron en camión a Santa Ana; volverán tarde de la no che, o mañana. Me calenté la sopa preparada des de anoche, y aquí estoy en el living, como un punto en la inmensidad del paisaje lluvioso. Esta sirvienta, que volvió a mí tras la ausencia de mi mujer, y que nos sirvió un par de años hasta hace poco, es una alhaja. Le he confiado la casa, una verdadera ama de llaves. No sé qué sería de mí sin ella, tan abandonado como soy. Me cuida, no como a un marido, sino como a un hijo. Y tiene veinte años. —En las treguas de la mañana transplanté un níspero del Japón y 10 o 12 ananás de Pernambuco, verdadero abacaxi, cuya fruta gustamos este año. He de contar en *La Prensa* la tragedia de su fructificación. Luego entré a releer *El constructor Solness* de Ibsen. Lo leí cuando era muy joven, sin comprenderlo. En su segunda lectura, hace unos meses, me di cuenta de un comentario leído en aquella primera lectura, y que se titulaba «Solness, o el Ideal». Tal cual. Es extraordinario.

Sobre música: no oí por radio a Stravinsky. Yo tengo mis recelos sobre él, bien que el *Despertar de la primavera* me colme. Creo que aquél, como tantos otros, son creadores de este momento de desorientación en todo (como que fenece una civilización bimilenaria, y no entrevemos la que vendrá). Tantea más que acierta.

Oigo a menudo a Beethoven, con deleite nunca harto en sus cosas de más simple efecto con mínimos recursos: andante de la 7.ª, marcha fúnebre, adagio de sonata quasi fantasía, los dos adioses. De un poco de arcilla marina y color surge esta portentosa vida que nos desplanta todavía.

Así y todo, usted debería de andar aprontándose para venir, sin esas flictenas de mala hora. ¿Ha visto un médico inteligente? De 10 médicos de nota, 4, por lo menos, entienden bastante. Vale la pena que consulte a un especialista. Y le paso el consejo que usted me daba, de cuidar juiciosa mente de la salud.

—Cuando he insistido e insisto sobre la bondad que para su vida físico-moral podía rendirle este país, no hablo por egoísmo. Usted no se halla allí; pruebe por lo tanto otro ambiente. Venga por un tiempo, lo más largo posible, sin compromiso de compra. Verá entonces si le conviene o no. Si puede usted salir en las próximas vacaciones, de cajón que se vienen Ustedes No crea en el calor exagerado, le repito. Salvo desde las 11 a las 16, en que el Sol quema (no hay necesidad de quemarse), el resto del día es delicioso. Muy fresco de noche, casi frío de madrugada, y un paraíso hasta las 8. Y las deslizadas en canoa por este fleuve, que encantaban hasta a mi mujer.

Dígame si no halla fatigante leer tan absurda carta. Cuando escampe, iré a buscar el correo, y si hay una suya (también yo quisiera carta seguido), agregaré algo a ésta. Si no, la cierro.

Continúa lloviendo. Cierro ésta, por si mañana no puedo ir al correo. Muy fuerte abrazo y cariños a su mujer

H. Quiroga

20. Junio 30 de 1936

Querido Estrada: Como agua bendita llegó este anochecer su carta. Bendita a pesar del estado de su pierna, que va a resistir a pesar del diagnóstico último. Si todo ello se debe a bizarrías del gran simpático, quiere ello decir que hay en su pierna circulatoria trastornos funcionales, tal como muy seguramente en los míos urinarios. Entiendo que esas llagas más o menos atónicas, dermatosis y demás, prenden como de gajo en los neurastenizantes, como ambos dos. Claro está que los médicos no saben nada. Su cuerpo sabe más que ellos, y usted es hermano gemelo de su cuerpo. También téngame usted a cabo de sus maladías. Yo tengo buen olfato clínico, y alguna vez le he de contar algunas aventuras médicas. Pero lo que me ha parecido de perlas, es el final del cuento de su pierna: «Aunque llegara a perderla, más necesito de los brazos que de las piernas». ¡Qué va a perderlas! Mas el hombre sabio es aquél que transmuta un dolor en esperanza. ¿No me decía usted que renacemos de sucesivas destrucciones?

Así es, querido compañero único: He tenido y continúo teniendo con usted confidencias extremas. Ya lo ha visto. También convendrá usted en que yo lo entiendo a mi vez, y por algo, en alguna noche de manzanilla, le sorprendí con alguna declaración como ésta, que usted no esperaba de mí: «Vos sabés que yo te comprendo, cabrito», o cosa así. Me acuerdo muy bien del alegrísimo brillo de su mirada en tal circunstancia.

Hoy tuve carta de mi mujer. Está en casa de sus padres (padre y madrasta), y dice que está a punto de hallar el colegio para la nena, y el empleo para ella. Muy bien. Aprenderá a vivir, un poco sobre mi corazón, pero esto no es nada. Des de hace dos años me vengo aprontando para esta solución, y muchos de mis recuerdos más dulces estaban ya un poco podridos. Ahora, después de 15 días de soledad, me voy dando cuenta de ello. Pero los primeros días —cuando le escribí— lo pasé muy mal.

Hoy estoy bastante mejor. Casi bien del todo. Hay que ver lo que es esto de poder abrir el alma a un amigo —el AMIGO—, supremo hallazgo de toda una eterna vida. ¡Cómo voy a estar tan solo, entonces!

Desde hace unos cuantos días me he recobrado del todo de mi adinamia gripal. Verá mi día, el de hoy: 5.45 a.m.: Me levanto, tomo tres mates flojísimos, asunto de excitar el hígado. Enseguida, a rastrillar el ensanche del jardín —45

X 22 mts.— que hice arar ayer, y donde he puesto 17 frutales que compré en Bonpland. 6.30: desayuno. 6.40 a 8: en el parque, macheteando el yuyo que invade la gramilla. ¡Viera mi parque! Lo verá, y pronto. 8 a 10: arreglo del taller, muy desordenado desde hace tiempo. 10 a 11.30: vuelta a rastrillar. 11.30 a 11.45: almuerzo (batata cocida, sopa, un pequeño bife a la plancha, bananas y mandarinas). 12 a 13: en el parque. 13 a 14: apronte de elementos para calafatear y arreglar la canoa. 14 a 16: en el río, con la canoa. 16 a 16.30: otra vez al rastrillo. 16.30 a 17: baño y cambio de ropa; tenue de tennis, como en Vicente López. Todas las tardes, al concluir el trabajo, me pongo pulcrísimo de punta en blanco. Me falta un cinturón blanco. 17: llega Lenoble, mi yerno, que vive a trescientos metros de casa, tras una loma, y que todos los martes toma té conmigo o cena, según los días. Hoy hemos comido: él, mondiola, porotos en guiso, budín de galleta (mejor que de pan) y café. Yo: otra vez batata asada, budín y café de malta. 17.30: voy al correo y al almacén a traer bulones de 2» para la canoa (el pueblo queda a 1.700 mts. de aquí). 18: enciendo el farol de nafta y arreglo un poco la radio, con radiotrones que he traído del pueblo para ensayo. Lenoble lee diarios. 19: comienzo a escribir, amigo, y hace un instante pasan el noticioso de *La Prensa*, vía Radio Splendid.

¿No cree usted que es un día bien cumplido? Tales los pasará usted a mi lado algún día. Perdí a la Enemiga (en los últimos tiempos) y afiancé el Amigo. Ello demuestra que yo ya he vivido. Lo cierto es que a pesar de mi placidez cuando hablo con gentes sencillas de alma e intelecto, extraño un poco al hermano decididamente intelectual para comentar tantas y tantas cosas. Por aquí anda Giambiaggi, inteligente como el que más, pero no nos vemos casi nunca. Con Lenoble (que me surte de estiércol, pues en su fundo tiene tropas para abasto en pensión), hablamos de citrus, y pare de contar. Es un buen muchacho, cuando uno se propone no ver en él sino lo que de bueno tiene todo ser andante. Mas mi hija hizo perfectamente en divorciarse de él. Esta mi hija Eglé comienza a ser de nuevo la hija de antes. Mutuos aporreos nos van aproximando. La voy a ver con gran placer allá por octubre, mes en que iré casi indefectiblemente. ¡Y vamos a charlar y hacer planes, querido Estrada! Ya verá usted He aquí, pues, que dentro de tres o cuatro meses nos veremos la cara. Nuevo aliciente para vivir a buen paso hacia adelante. Y ahora resulta que arreglo mis cosas y coqueteo con mi linda casa para cuando usted la vea.

Bien: Sírvale esta carta de sedante y bendición. Se tiene una inmensidad cuando se tiene un amigo como Dios manda. Afectos muy cariñosos a su mujer, y un fortísimo abrazo

H. Quiroga

21. Julio 7 de 1936

Querido hermano Estrada:

¿Cómo va? Estoy muy intranquilo, aunque la ausencia de carta suya me tranquiliza, por aquello de que no debe olvidarse de acudir a mí en cualquier contingencia desagradable. Le despaché anteayer, domingo, dos interminables epístolas.

A la espera de buenas noticias, —remonte la moral, compañero—, lo abraza fraternalmente

H. Quiroga

22 Julio 11 de 1936

Querido Estrada:

Otra jornada, la de hoy: levantado a las 5.50. Intensa bruma, que pronostica aquí Sol radiante más tarde. Nada de esto: se alzó a las 11, pero dejó una capa de nublado, bastante frío. Al salir el Sol: 4.º Fui, tras desayuno, a proseguir la guadañada a machete de los yuyos del parque. Tras eso, siempre la rastrillada del ensanche del jardín. ¡Pero qué rastrillada! Hay que sacar todos los yuyos enterrados y amontonarlos entre plantas, a cuyo pie irán un poco más tarde a formar mantillo. Tras ello, rastrillar y rastrillar para dejar bien nivelado el terreno (los daños de la erosión del suelo por la lluvia son aquí enormes), sacando de aquí, rellenando allá, etc. Mañana concluiré; pero es una delicia verlo. A las 9 1/2 me sentí un poco cansado y con ligeros escalofríos, como me sucede cada 5 o 6 días de un tiempo a esta parte, y que atribuyo a la zona urinaria. Entré pues, al buen amor de la estufa, a repasar y reformar alguna ropa que escapa a la sabiduría de mi sirvienta. Soy un gran cosedor, como sabe. Con esto, la hora de almorzar. Me repuse algo, luego, pero inhábil para trabajo de esfuerzo. Volví pues a mi costura, esta vez de filtros de bombasí para la cafetera. Hice una obra maestra, que ya verá. Hacia las 15, me repuse y fui a lidiar con las hormigas, surgidas como por ensalmo a un fugaz golpe de Sol. Pero la máquina fumigadora estuvo un mes al cuidado de un chico, que ya no tengo, y tuve que limpiarla en forma. Total: no fumigué. A todo esto, estaba esperando la hora del correo, un poco inquieto por las novedades que tendría de usted Salí a las 17, y volví con sus dos cartas, otra de Tiempo y otra de un médico a quien consulté largamente sobre mi caso, y me informó más largamente sobre la necesidad de intervenir, sin urgencia alguna. La precocidad de la operación está determinada por el buen estado general actual mío, que torna facilísima la intervención. Convencido, me operaré en octubre, después de un buen abrazo y vastos proyectos con usted.

Así, me alegré mucho de sus noticias. Por lo que me cuenta, me parece a mí también que usted tiene una maladía, nada más. Más infirmité que enfermedad. De cualquier modo, curará usted o vendrá aquí a concluir de curarse, ahora o a fin de año.

Naturalmente, paré la oreja ante su decisión última, de que me va a escribir sobre compra de un terrenito cerca del mío, etc. Pero es que no tiene necesidad de comprar nada, por ahora. Fuera de que ya tiene su hectárea (iy en qué posición!) Ustedes vendrán a olfatear el país a mi lado, mirar todo, sopesar el resto, y después, recién después, hará usted los cálculos sobre su capacidad para echar le la capa al toro. Y sin embargo, qué raro me parecen sus titubeos, teniendo como tiene una mujer tal, tan, tan compañera! En fin, ya hablaremos, querido y solitario hermano.

Novedades de mi mujer. A su primer enunciado de que quería irse a ésa, le dije:

—«Hazlo; yo no puedo retener a nadie a mi lado contra su deseo. Pero te advierto que tu alejamiento será definitivo». Tres días antes de irse repitió su anhelo, agregando tales proyectos sobre tal cual planta, etc., que le observé:

—«Pero es que me parece que no te has dado bien cuenta de lo que ya te he advertido: Esta casa se te cierra para siempre». Pareció comprender, y así fue su extrema congoja en los últimos minutos. Le dije entonces —«Tú necesitas una lección muy dura. Vete. Pero si algún día ves claro (creí que entendería qué quería yo decir), entonces escríbeme. Yo estaré siempre aquí». Y así fue. Me ha escrito una primera carta, tranquila y en guardia. Enseguida recibo otra, donde dice no hallarse, que no puede estar sin mí. «¡Y la desesperación de no saber nunca qué es lo que uno desea!» Y concluye:

—«Estaré de vuelta a tu lado mucho antes de lo que piensas».

¡Pero en qué estamos! ¿No habíamos quedado en que su ida era definitiva y que solo volvería cuando hubiera comprendido y sentido la vaciedad de todo sin mí? Niña grande, siempre. Cuando hace dos años y medio se fue a ésa por dos meses, regresó al mes y medio, porque «le había entrado de pronto una desesperación por volver». Cuando hace cuatro meses se fue por tres meses, me dijo, al advertirle yo que llegaba al final del plazo: «Es horrible lo rápido que ha pasado el tiempo. Y tener ya que volver!» Ahora, tras una ida definitiva, resuelta por ella, me escribe que cualquier día está de vuelta... Pero necesita la lección, y la llevará.

Acabo de oír mi nombre en la radio, y presto atención: habla Capdevila sobre Berta Singerman. Alusión a mi vieja ternura por la judía, por lo poco que pude pescar. Creo que ha hecho un chiste (con entonación totalmente española), a juzgar por las risas del auditorio.

¿Qué más, querido Estrada? Cuide usted también su salud, trípode del alma, diría cualquiera de sus colegas que hoy escriben en alejandrinos. Sobre poetas y algún as: ¿no ha notado usted cierta torpeza de expresión en la prosa actual de Lugones? Me cuesta a veces seguirlo sin notar un tropiezo mental en su construcción.

Bien, compañero. Si escribe usted como dice, el próximo martes tendré amplias noticias suyas. Saludos cariñosos a su mujer, y un fuerte abrazo de su hermano.

H. Quiroga

23. Julio 13 de 1936

Querido Estrada: Mañana debe llegar carta suya. Tengo gran curiosidad de ver qué diablos de planes ha concertado usted para ésta. Insisto: planes para después de estar acá, y ver.

Hoy tuve un día fecundo, sano y activo. Por levantarme, me levanté a las 5, una buena hora antes de aclarar, pues el tiempo sigue lluvioso. Enciendo el farol, pongo unas tacuaras en la chimenea y leo hasta que la sirvienta, sumamente madrugadora, llega con sus tres mates chirles. Así concluí, y bajo ligera llovizna de todo el día el alambrado que comencé a asentar ayer de tarde. Ciento treinta metros, más o menos, tres hilos, uno de púa, y heme aquí con un magnífico potrero, que es a la vez el parque en cuestión, donde hay naturalmente árboles diseminados. La vaca de mi sirvienta, su ternero y el petiso de la nena, mantendrán la gramilla bien baja. Mas viera usted lo que es dicho parque, con sus hondonadas y su vista doble al Paraná. Parque japonés —no de ésa, sino del propio Japón, de donde volvió Pantaleón—. Creo notar que cada tres días tengo una caída. ¿Ligero chucho? Tal vez. Mañana voy a tomar un poco de quinina, y observaré. Por lo demás, es un axioma: todo malestar de causa desconocida en país tropical, trátese con quinina.

Tuve carta extensísima de un médico de ésa a quien consulté sobre mi caso. Piensa bien, y como mi médico de aquí: puede muy bien que mi próstata esté apenas tocada; pero cuando eso comienza, a mi edad, continúa implacablemente. De aquí la tendencia de intervenir temprano, cuando el estado general es aún perfecto, y capaz, por lo tanto, de soportar como pluma el peso de la operación, más o menos grave cuando el cliente está pasado. Me opero, pues, en octubre, salvo diagnóstico contrario.

No sé si le dije que de Montevideo me escribieron anunciándome la gran probabilidad de ser premiado. Bien está; así sea un tercero. Parrilla más o menos no afectaba a Guatimozín (creo que es con z el tal nombre). Dícenme también que me deparan con casi certeza una sorpresa muy halagüeña para mí, sí que merecida. ¿Qué será ello?

La cuestión social: Tiempo me escribe, solicitando para cierta revista de izquierda (republicana), unas líneas, que harían bien a la revista. Des de luego; ¿pero a mí? —Ya le conté el asunto para una fabulilla comunista. Casi todo mi pensar actual al respecto proviene de un gran desengaño. Yo había entendido siempre que yo era aquí muy simpático a los peones por mi trabajar a la par de los tales, siendo un sahib. No hay tal. Lo averigüé un día que estando yo con la azada o el pico, me dijo un peón que entraba:

—«Deje ese trabajo para los peones, patrón...» Hace pocos días, desde una cuadrilla que cruzaba a cortar yerba, se me gritó, estando yo en las mismas actividades:

—«¿No necesita personal, patrón?» Ambas cosas con sorna.

Yo robo, pues, el trabajo a los peones. Yo no tengo derecho a trabajar; ellos son los únicos capacitados. Son profesionales, usufructuadores exclusivos de un dogma. Tan bestias son, que en vez de ver en mí un hermano, se sienten robados. Extienda un poco más esto, y tendrá el programa total del negocio moral comunista. Negocio con el dogma Stalin, negocio Blum, negocio Córdoba Iturburu. Han convertido el trabajo manual en casta aristocrática que quiere apoderarse del gran negocio del Estado. Pero respetar el trabajo, amarlo sobre todo, minga. El único trabajador que lo ama, es el aficionado. Y éste roba a los otros.

Como bien ve, un solitario y valeroso anarquista no puede escribir para la cuenta de Stalin y Cía.

Tiempos atrás me envió Castelnuovo, a quien quiero bien, su libro sobre el *Arte en las muchedumbres* o cosa así. ¡Viera qué cosa! Todo es un panfleto contra Tolstoi, de quien se ríe el Castelnuovo.

No he podido acusarle siquiera recibo, no obstante ser aquél un buen muchacho, pero torpísimo.

Mañana, después del correo, continúo.

Julio 15 Llegó ayer su carta —Le pido un favor, Estrada: escríbame a máquina, si no le pesa mucho. Con el apuro para decirme muchas cosas, su letra, para mí, resulta a veces ilegible. Mi máquina está en compostura en ésa. Cuando vuelva, le escribiré también en ella, pues me temo que yo también cojee de por allí.

Su drama: Me pregunta si resultará escénico. Es lo único que me inquieta en él. Creo también que la influencia de Eichelbaum en la parte final no es feliz. Este hombre ama un tanto lo paradojal. Ya el drama, para mí, lleva un sello ligero de aquella virtud, tan tremenda como difícil en el teatro. El supremo maestro noruego no siempre salvó el escollo. ¿Por qué no escribe un acto entero? En él notará usted perfectamente lo que puede darle el drama. Me gustaría conocer la impresión que tiene usted de Pirandello. Es posible que tropecemos, pero esto hace bien para lograr, en su mollera y en la mía, nuevas luces.

Veo que la pierna va mejor; tenía que ser. ¡Qué lujo de música, compañero! No sabía que tu viera usted tanta fuente, ni siquiera la fonola.

Hoy parece que tendremos un poco de Sol, fugitivo siquiera. Ansío como no se figura ver el radiante paisaje habitual del país.

Saludos cariñosos a Agustina —tendré que llamarla por su nombre a esta cuñada—, y muy fuerte abrazo para usted.

H. Quiroga

Hospedaje: estoy casi comprometido con Julio Payró, quien se moriría de vergüenza si lo pospongo en el honor de hospedarme. Mi hija Eglé reclama a su vez inalienables derechos. Ya veremos. Pero como yo me he introducido en su casa, no sería imposible que fuera a ella.

24. Julio 19 de 1936

Querido Estrada: llegaron sus dos cartas, casi a punto con el amigo Goyanarte, que estuvo aquí un par de días y se fue ayer de tarde hacia el norte. Calcule cuánto hemos hablado de Ustedes y de la posibilidad de encontrarnos aquí de nuevo, todos. El lo ha de ver a usted antes que yo, acaso. Lo informará ampliamente de mí, la casa y el país. Lleva fotos de todo.

Con los excesos de comida que me impuso la novelería de estos dos días, he perdido hoy la línea normal. Dejo pues para otra comentarios sobre sus cartas. Entre tanto, un fuerte abrazo, cariños a Agustina, y duro con el drama, no obstante las sandeces que dije al respecto. No dejo de pensar en lo idiota que he sido. Nuevo abrazo.

H. Quiroga

25. Julio 22 de 1936

Querido Estrada: llegó su tanda de cartas, y, hace unos días, su amigo Goyanarte, excelente persona que se vio forzado a ayudarme a traer arena en el coche, pues urgía tal producto para una piscina que estoy haciendo. Nos levantamos esa mañana a las 5.45, tomamos unos mates bajo densa cerrazón, y enseguida a cargar las 16 latas de kerosene en el coche, para traer la arena. El amigo ha sacado sinfín de fotos documentales de mi casa, del sitio elegido para la suya, de la hectárea de marras. Me decía: «No se imagina Estrada lo que le va a gustar esto». Posiblemente nos veremos en Buenos Aires, hacia octubre, por de contado que en su casa.

Me parece que mi hija Eglé me llevará consigo durante mi breve estadía en ésa. Hemos cambiado algunas cartas, al tenor de los siguientes: Ella: «...Me enseñaste una vez a saber lo que es un padre».

...—Yo: «Como siempre concluye uno por ir a don de lo comprenden, estoy volviendo a ti, Guagua»...

Por algunos relatos, se dará usted cuenta del lugar que han ocupado en mi vida esos muchachos. Ahora Darío escribe cuentos. El *Mundo Argentino* ha publicado uno, bastante bien. Creo que tiene el don de contar. Se propone trabajar. Allá veremos. También está a punto de conseguir un empleo.

Sus nervios y su enfermedad, amigo. Cierto es, usted ha empleado sus nervios en alimentar con ellos su cuerpo humano, en vez de hacerlo con la modesta y trivial sangre. De aquí el asombroso desgaste. Usted es una excelente pila de un solo líquido —¿recuerda usted?—, y se polariza en consecuencia. Mas no tema. No hay tales nervios destruidos. Es cuestión de hallar un buen des-polarizante, —catalizador, como dice don Pablo, el químico rudo de la Estación Experimental de Loreto. Vea el que halló Munthe, cuando logró dormir des-pués de veinte años de insomnio. Y vea el mío: Allá por 1903, caí de golpe con una hiperclorhidria que me bajó 3 k. en dos días. Continué como el diablo durante seis meses, sin un solo día de alivio. Comía, sin variante: sopa ligera, dos papas cocidas, un racimo de uvas, y sanseacabó. Estaba amarillo como un membrillo. Pasaba esto cuando pensaba ir al Chaco a plantar algodón. ¿Pero cómo ir en tal estado? Fui. Era invierno, en pleno interior de Chaco (7 leguas al suroeste de Resistencia, con el vecino más próximo a 2 leguas). Me levantaba tan temprano que después de dormir en un galpón, hacerme el café, caminar

1/2 legua hasta mi futura plantación donde comenzaba a levantar mi rancho, al llegar allá recién comenzaba a aclarar. Comía allí mismo arroz con charque (nunca otra cosa), que ponía a hervir al llegar allá y retiraba al medio día del fuego. El fondo de la olla tenía un dedo de pegote quemado. De noche, otra vez en el galpón, el mismo matete.

Resultado: en dos meses no sentía nada, y había aumentado 8 kilos.

Las gentes neurasténicas de las trincheras saben más que yo todavía. ¡Qué nervios destruidos, amigo! ¿Y cuando hombreaba bolsas con míster Goyanarte? *Inadaptación*: tal es el crimen.

El médico botánico de Tandil no se me mostraba como inteligente, sino como brioso aficionado a plantar. En ese carácter, me mandó varias estacas de rosales, magníficas, una de ellas de una variedad [...] de la que quedan pocos ejemplares en el país.

Giambiaggi hace el agitador; es delegado del Comité Comunista regional. Pinta como la tiza siempre y poco.

Música — Con mi radio oigo casi exclusiva mente Montevideo. Lástima que ahora ande mal. Le escribo hoy a un amigo de ésa que me la podrá arreglar allí.

Stravinsky y Verdi: Un día dije a Glusberg que hallaba bien que la gente quisiera agua clara en música como en todo: «Pero el agua clara, fácil (Margot a pleuré), no es Pergolesi ni ninguno de los similares; es Verdi, agua, no clara por destilación sino por correr fluidamente. «Vive le melodrame ou Margot a pleuré.» Esta es el agua clara para los estragados por los remedios sintéticos. No sé si por conformación sentimental o por la fuerza de los recuerdos de la infancia, yo me hallo siempre a gusto con Verdi, digamos lo bueno de él. Ídem con Bellini, Donizetti y demás melódicos de la caterva.

Chopin. —Claro que son los parvenus y snobs de toda calaña quienes han demonetizado a Chopin. Magnífico hombre. Es la tristeza melancólica pura.

Bien, querido compañero. Pero no tan bien sus líneas finales: «Hay cosas qué hacer todavía. ¡Escriba! ¡No se abandone!». Ni por pienso. Podría objetarle que por lo mismo que hay mucho quehacer —¡y tanto!— no tengo tiempo de escribir. Lejos de abandonarme, estoy creando como bueno una linda parcela que huele a trabajo y alegría como a jazmines. ¿Qué es eso de abandonar mi vida o mi ser interno porque no escribo, Estrada? Ya escribí mucho. Estoy leyendo ahora una enciclopedia agrícola de 1836 —un siglo justo— por donde veo que muy poco hemos adelantado en la materia. Tal vez escriba aún, pero no por ceder a deber alguno, sino por inclinación a beber en una u otra fuente. Me siento tan bien y digno escardando como contando. Yo estoy libre de todo prejuicio, créame. Y usted, hermano menor, tiene aún la punta de las alas trabadas por un deber intelectual cualquiera que fuere. ¿No es así? —Piense en esto, para comprenderme: Yo le llevo fácilmente quince o diecisiete años. ¿No cree que es y supone algo este handicap en la vida? Usted está subiendo todavía y arrastra las cadenas. Yo bajo ya, pero ligero de cuerpo.

Ojalá no me entienda mal, amigo, y asegúremelo así. Buenos cariños a Agustina, y un firme abrazo de su viejo hermano.

HORACIO

Espero carta suya para aclarar lo que le dije sobre su drama.

26. Julio 25 de 1936

Querido Estrada: También yo voy a usar de método en mis cartas, respondiendo una por una a las preguntas que usted me hace, o comentando por riguroso turno tal tema. Si no se hace así, es más que seguro que se olvidan muchas cosas. Un viejo amigo ingeniero, León Denis, me enseñó a escribirle comercialmente, con lo que ganamos ambos. No sé si alguna vez le conté mi curioso encuentro con Denis. Aquí va: cierta mañana de 1911 yo andaba monteando a 7 K. de casa, y silbaba el comienzo, y más lejos todavía, de la rapsodia 2.ª de Listz [sic] (¡diablo con las palabras húngaras!). No continuaba la rapsodia porque no sabía más de ella de memoria. Al llegar al abismo, pues, tornaba a recomenzar, así por tiempo indefinido, como se hace cuando se está distraído y se es feliz. En cualquier momento dado, llegué al abismo musical... y he aquí que desde el fondo del monte —el más fosco de por aquí— otro silbido continúa la rapsodia con pasmosa agilidad. Hay que ver lo que es la selva del Teyucuaré, donde nadie, fuera de mí, se insinúa jamás. Era Denis, ingeniero belga, a quien había conocido fugazmente aquí, y que deambulaba a su vez.

Este Denis tenía entonces como sesenta años. Se enamoró del país, compró en $ 7.000 una media hectárea que no valía 100, vivió en ella con su mujer algunos meses y regresó a Quilmes, donde vivía casi miserablemente —por gusto— a pesar de su fortuna. Era un fino humorista. Compró luego cerca de aquí 27.000 hectáreas, casi por motivos ornamentales, y al morir dejó su fortuna a las prostitutas de Lieja, cuando mil un tipos esperaban el bocado. Su testamento comenzaba así:

—«Yo, Luis Andrés León Denis, que firmo León Denis y escribo habitualmente con pluma Perrins, por lo que me expongo a variar el carácter de letra»...

Cuando me decida a escribir mi pequeño libro de San Michele, este Denis ha de ser un tipo del que no me olvidaré. Sé mucho de él.

Y usted perdone la digresión, comprobatoria del tren de charla feliz que tienen nuestras cartas. Acaso no concluya hoy de contestar todos los puntos de su última. No importa: el martes proseguiré.

Glusberg — En efecto, como usted dijo muy bien, en toda su furia no hay más que una sencilla cuestión racial. Ya en el momento hube de decirle a usted que aquel amigo, que se dice internacional, es solo judío. Más: el más tradicional de los judíos. Y perfecta su definición de que Samuel se anda por las ramas porque no ve o no quiere ver el tronco.

Su drama: No me perdono de haber podido desanimado, como creo. Mas tenga por seguro, queridísimo Estrada, que toda la sinceridad que gasto con usted, la despilfarro, y bien cruelmente, conmigo mismo. Tal vez usted estuvo muy parco en la exposición del argumento; acaso yo no comprendí bien, por ese motivo. Mas de cualquier modo yo hice pie exclusivamente en el aspecto teatral de la obra; y esto por creer que si una obra de teatro no tiene interés para todos (cuento o novela), carece de aquel carácter. Justamente por haber entrado en la futura obra la apreciación de Eichelbaum, supuse que usted quería hacer obra para escenario. De aquí mi prevención — No haga caso, pues, y póngase a la obra. ¿Que se descontente de ella luego? Muchísimo habrá ganado su giróscopo cerebral. Y volveremos a hablar en octubre. Aquí doy un salto en e] orden epistolar, y anoto:

Brand: ¡Pero amigo! Es el único libro que he releído 5 o 6 veces. Entre los *tres* o *cuatro* libros máximos, uno de ellos es Brand. Diré más: después de Cristo, sacrificado en aras de su ideal, no se ha hecho nada en ese sentido superior a Brand. Y oiga usted un secreto: yo, con más suerte, debí haber nacido así. Lo siento en mi profundo interior. No hacen [sic] 3 meses torné a releer el poema. Y creo que lo he sacado de la biblioteca cada vez que mi deber —lo que yo creo que lo es— flaqueaba. No se ha escrito jamás nada superior al 4.° acto de Brand, ni se ha hallado nunca nada más desgarrador en el pobre corazón humano para servir de pedestal a un ideal. También yo tuve la revelación de Inés cuando exigida y rendida por el *todo o nada*, exclamó: «Ahora comprendo lo que siempre había sido oscuro para mí:

—«El que ve el rostro de Jehová debe morir.» Sí, querido compañero. Y también tengo siempre en la memoria una frase de Emerson, correlativa de aquélla: «Nada hay que el hombre no pueda conseguir, pero tiene que pagarlo».

Pirandello: Coincidimos felizmente sobre su grandísima habilidad escénica y su carencia casi total de verdadera psicología. Juegos de ingenio psicológico, verba simuladora de profundidad, todo esto en grande. Representa muy bien esta época de decadencia, como la romana: epigramas retorcidos, hoy psico-lógicos, pero vacuos y deleitosos como los otros. Puédese valorar la capacidad de Pirandello leyendo sus cuentos y artículos. Muy bien, exponentes de fuerte agilidad, pero nada más.

Y llegó la hora de llevar ésta al correo. Como me temía, no concluyo hoy. El sábado recibirá usted el final de ésta. Cariños y fuerte abrazo.
H. Q.

27. Julio 28 de 1936

Querido Estrada: Vayan estas líneas muy breves para notificarle mi buen estado de salud. Hace un frío del diablo, mi coche, enfermo, y yo acurrucado al lado de la estufa, sin valor para helarme los pies en el barro. Son las 7 1/4 a.m. La chica que sale para la escuela lleva ésta. Y usted, ¿mejor? Le mandé media carta con tren del domingo, que habrá llegado ayer, martes. Como ésta, por desencuentro de correo con trenes, le llegará el sábado, poco tiempo antecederá a la próxima larga carta que despacharé el domingo próximo.

Muchos cariños, hermano Estrada, y un fuerte abrazo

H. Quiroga

Agosto 1.º Claro, esta carta no salió; la chica en cuestión tampoco salió de casa. Durmió la epístola, pues, y ahora vuelvo del correo con su telegrama. Cuide, querido amigo, o descuide: no se ha de cortar la correspondencia. Buen par de volcanes eléctricos, ambos, no podríamos realmente suspender este memorial-epistolario. Y va:

No solo acarreó arena el amigo bonaerense, sino que cuidó del coche por 20 minutos en la carretera, donde habíamos hallado un hueso de punta en la huella, con el destrozo del caso en cubierta y cámara. Quedó a las 7 de la mañana en mangas de camisa al lado del coche, cuidándolo, creo yo, como si fuera aquél un Packard. Lo que no creo que le haya hecho tan feliz es el madrugón que pegamos, habitual en mí, pero con certeza no tanto en él. Excelente persona, si las hay.

Chacra: Hoy supe que un señor amigo se había deshecho de una de 9 hectáreas, volviéndola al primer propietario por dificultades de pago. Precio $ 220 o tal vez 200. Pero no le conviene, por ahora. Después, veremos. Voy creyendo que por poco que usted se empeñe en negociar, va a perder la divina armonía de vivir en paz con la verdad agreste. ¿Tierra? Ya tiene su hectárea. ¿Casa? Por $ 3.000 le hacemos Hermenegildo (el albañil) y yo, un chalet magnífico. A 80 metros del mío, si quiere, o a 140, en su propio fundo. Y a hablaremos, si su destino lo trae.

Todavía mi mujer: Conjuntamente con aquella carta en que decía no poder vivir lejos de mí, se quejaba de la casa de su padre, donde vivía, sin estufa ni caloríferos. «Casa de salvajes», exclamaba. Días después me escribe desde la casa de Norberto Dantiacq, donde paró hace dos años, merced a su amistad íntima con la esposa de aquél: «¡Qué magnífica calefacción! —exclama ahora—. ¡Figúrate que duermo solo con sábanas!». He aquí pues, el motivo de extrañarme tanto: extrañaba la estufa de casa. Porque sentía frío en casa de su padre, se mudó a casa de su amiga, sacando a la nena de la escuela de Vicente López, donde parece que había ingresado. Así, *allá va:* por el cine, deja a su marido; por una estufa, a su padre. Esta es mi mujer.

Lutarios: (¿No dicen *lutier* los franceses? No recuerdo.) Precisamente el hijo de un amigo rural del pago fabrica violines. Hizo primero uno muy rústico de timbó (TIMBO; en la plaza Lavalle hay un lindo árbol), que llevó a Vicente López. Luego construyó uno de lapacho, magnífico de forma, mas creo que de escasa sonoridad. Luego otro, el que tiene ahora, no recuerdo de qué madera, mas sí liviana y vibrante. Veré a su propietario el lunes, y si quiere desprenderse de él, se lo fleto enseguida. Hemos hablado con el muchacho de cierta madera interna de las grandes tunas, al parecer muy apta para el caso. Me parece recordar que un carnicero brasileño le di jo que en Ceará construyen violines de las tales tunas. Yo tengo una tablita en casa, y me parece muy propicia. He leído bastante sobre los lutarios y sus barnices. Para mí, sin embargo, el mérito principal de los guarnerius y Cía. radica en la madera. ¡Quién sabe qué años de estacionamiento o exposición al humo o ciertos olores han sufrido! Le digo olores, porque yo tuve una vez ciertas tablas de piso de una letrina rural, y cuando años después las utilicé no sé en qué mueble, noté un fuerte cambio en el peso —no estoy seguro— y en el color —certísimo—. ¿Usted sabe el proceso que sufre la teca antes de ser empleada en las embarcaciones? Dura de ochenta a cien años.

¡Qué magnífico si un día pudiéramos reunirnos a trabajar de día —sabe Dios en qué—, mas de noche en violines, muñecas, trampas, bumerangs, tranqueras livianas —y sonreír a dúo porque nos hemos acordado por ahí de Brand.

Se ha dicho que yo me he abandonado. ¡Qué absurdo! Lo que hay es que no quiero hablar media palabra de arte con quien no me comprende. Usted lo sabe por usted mismo.

Ayer he tenido un día provechoso: rozado en el parque, esta vez a gran machete porque se trataba de desmontar; puesta en tierra de 21 ananás de Pernambuco; visita a Estación Experimental de Loreto, donde usted sabe tengo buenos amigos; regreso con una gresílea, un calistemo, un rakú (productora esta esencia del único colorante vegetal resistente), y dos plantitas logradas de semillas traídas de Dakar, productoras de magníficos racimos de flores rojas. No sabemos qué son. Hoy hice una cosa pía: el caño colector para la gran piscina de 61 h m³ que acabo de hacer. Lo planeé para diversión y baño de la nena. Tal vez un día vuelva a bañarse aquí, cuando yo ya haya muerto.

Vuelvo a pensar en los violines. Me parece una cosa maravillosa para usted ¡Constructor de su propio violín! Es un hallazgo. Ya lo creo que lo ayudaré a buscar maderas. Una vez, en la buena época de Giambiaggi, nos dimos a hacer un torno de ceramista; tanto lo perfeccionamos que concluimos construyendo uno con embrague. Era una maravilla. Mas no logramos hacer vasija alguna; todas salían con forma de oreja de elefante. Es un oficio que requiere mucho aprendizaje. Lo que podemos también hacer un día es aprender el oficio de fundidor para pasar a metal mis muñecos o cualquier otra cosa. Noble tarea. Muchas cosas podemos hacer, hermano menor.

(Tocan en este momento en la radio el minué de *La Arlesiana* de Bizet. Pocas cosas siento como eso.) He cambiado baterías a la radio, con lo que ya he mejorado mucho, y encargué nuevas lámparas. Usted no tiene idea, creo, de la *formidable* importancia que tiene la música en el bosque. Es todo lo que está ausente: inteligencia, pasado, amistad acendrada, exaltación de la propia conciencia. Lo llena todo. Cuando volé en aeroplano, hice notar la *formidable* importancia que adquiría lo único visible y terrenal sobre el vacío insondable: las alas. La música en el desierto es eso.

Ahora que pienso: ¿Les gustó de verdad la miel que envié? Vea que nada me cuesta remitir otra vasija. Bien que no está ya en San Ignacio el carpintero alemán colmenista, siempre se puede conseguir. Parece que en Oberá, a 100 k. de aquí, la venden a $ 0.25 el k. ¡Figúrese! También podríamos un día cultivar abejas, pocas colmenas. ¡Hacer!, amigo mío. Somos hombres, no hay que olvidarlo.

Mañana deben de venir a pasar el día aquí los 2 médicos de Corpus con sus esposas (éstas son hermanas, y a su vez lo son del Dantiacq donde vive María). Me hablan por teléfono, preguntándome si está lista la canoa. No, no lo está. Pero si ellos y ellas me ayudan a calafatear las bordas, la alistaremos. Tal será; son gauchos, y con ganas de hacer méritos.

Bueno hermano gratísimo. Ya tiene carta, y tutti quanti. Cariños a su mujer y a la espera de la suya del martes, fuerte abrazo hermanísimo,

H. Q.

28. Agosto 5 de 1936

Querido Estrada: Fueron dos mías, una tras otra, y me he quedado sin recursos epistolares. Lo que usted me anunciaba en su carta telegrama, no llegó. Puedo darle la buena noticia que el propietario del violín de timbó (es de esta madera el último modelo) me permite que se lo mande para que usted lo pruebe. Pues lo curioso de esto es que el fabricante de 3 violines no sabe tocar.

Mañana jueves he de tener noticias suyas. Un fuerte abrazo,

H. Q.

29. Agosto 8 de 1936

Querido Estrada: Recibí la suya. Muy contento de que no se acuerde de su pierna. Hoy debieron salir por encomienda los dos violines (lapacho y timbó) que me prestó su dueño, pero el frío me invalida para todo, pues llevo tres días malos. Ayer en todo el día tuvimos 8 grados de máxima, con viento y cielo encapotado de nieve. Ahora, 8:05 a.m., con pleno Sol tras bruta helada, apenas 3 grados afuera. Es demasiado, cuando el viejo corazón y la salud andan mal.

Si hoy calienta, mejoraré de ambas cosas.

Usted tiene dos cartas mías que no le habían llegado cuando vino su última. Me dispongo a contestar a ésta el martes próximo. Verá, con los violines que despacharé el mismo martes, el ingenio de su constructor.

Muy bien por Temperley; es algo —y mucho— como usted dice. Mándeme, cuando lo sepa, el nombre de los viejos árboles esos.

Fuerte abrazo para el matrimonio.

H. Quiroga

30. Agosto 12 de 1936

Querido Estrada: Ando de mala con mi correspondencia. Concluyo ahora de embalar los dos violines, y me doy cuenta de que sobrepasan en mucho el volumen máximo admitido. Desharé el bulto y se los mando separados *sin falta* el próximo domingo, por donde los tendrá usted el martes de tarde o miércoles de mañana.

Como es natural, usted, jefe de departamento en la central, ignora que el correo viene a casi todo Entre Ríos, Corrientes y todo Misiones, por tren. Estos salen de ésa el domingo, martes y jueves, todos a mediodía, más o menos. Yo despacho para ésa los martes y domingos a primera hora.

Bien; esta vez también estoy urgido para escribir. Pero me resarzo en el próximo correo (resarcir debe de hacer z allí, ¿no?), también sin falta. Ayer a última hora cambio de cubierta, y la válvula pierde.

Mi salud, mediana. Siempre aquello. Me operaré sin duda. Muy malos días también sentimentales; espectros de amor en los que quiero recostar la cabeza, aunque son de hielo. ¡Y Dios sea loado! Estas psicosis son hijas evidentes del mal estado urinario.

Le voy a responder muy largo, querido Estrada. Por lo demás, como le he dicho más de una vez, de la llegada de esta carta a la próxima, solo hay 3 días de diferencia. Estas noches de frío crudo, que usted calculó saludables para mi contemplación sedante del fuego, me amargaron la soledad. Malas, muy malas noches. Y a detallaré.

Encontré esta mañana la tablita de tuna, soi disant propicia para violines. Usted la examinará; irá con los violines.

Bueno, hermano gratísimo; cariños a la cuña da y muy grandes para usted.
H. Q.

31. Miércoles, 12 de agosto de 1936

Querido Estrada: Hoy, a las 8 1/2, llevé la carta para usted al correo. Ahora concluyo de arreglar un poco las plantas, sin grandes ganas, pues sabe que no ando bien. Leí por ahí: «Cuando un hombre que ha pasado los 50 siente algo, donde fuere, mala digestión o cosas más corrientes, piense en su próstata». Quiero creer entonces que los frecuentes malestares, dolor sordo en la región renal, abatimiento, sobre todo, deben inculparse a aquella causa. Particularmente desde hace 5 o 6 días siento una crisis congestiva en el aparato urinario, con molestias aún mayores que en pasados períodos congestivos. Vale decir, en vez de mejorar, empeoro. Se impone así el examen en ésa, y lo que viniere. Lo único que pido es mejorar hasta octubre. Lo peor que hay para mí es no poder hacer esfuerzos, poco o mucho requeridos en la vida que hago. Brazos y piernas van bien; pero las dobladas las siento, cuando ando en crisis, como ahora. Seguramente los riñones. Hoy, sin embargo, he amanecido mejor, a pesar del traqueteo (la posición sentado era mala para mis achaques) de un viaje a Corpus (36 K. ida y vuelta, en pésimo camión). Pasé unas horas con los amigos médicos de marras. Estábamos tendidos por la gramilla, al buen Sol de ayer, cuando llegó el cartero. Corridas de las mujeres a traer gozosas la correspondencia. Todos abrían cartas de la familia y se entreleían en voz alta. Yo solo estaba con las manos sobre las rodillas, sin cartas, ni familia, ni nada. Piense, hermano, en que he tenido un hogar durante nueve años, y que he sido abandonado por mi familia. Lo que lloro no es seguramente la mujer con la que no nos entendemos hoy un ápice, sino la de antes, y la época en que nos amamos. Por esto le decía en mis líneas de esta mañana que he andado estos días reclinado a un espectro, que por ratos me tentaba conjurándome a olvidarlo todo e ir a su lado, —tal el fantasma de Inés cuando le dice a Brand que todo ha sido un mal sueño... con tal de que Brand abjure. ¡Ah, no! Hemos de aguantarnos, compañero, y llegar al final de nuestro destino con un átomo siquiera de pureza. La última carta que recibo de mi mujer comienza: «Mi querido Horacio» (Suele poner: «Querido Horacio»). Concluye «Un beso de tu María» (Suele poner: «Fuerte abrazo de María»). Sé que en esos momentos lo siente así; que hay en ese *mi* y *tu* un llamado oculto y desesperado, pues también a ella debe de frecuentarla un espectro. No se ha sufrido y gozado en simbiosis extra íntima con un hombre durante una década, para que la infiltración diaria y profunda no haya echado raíces por uno u otro lado.

Por fortuna, todo pasa, como pasó el trastorno formidable que fue para mí la muerte de mi primera mujer. Reharé mi vida poco a poco —a menos que la luz de la verdad no fulmine como un rayo el camino tan poco de Damasco que recorre hoy mi mujer, llevando de la mano a su hijita.

El mismo día: las 18.50. Comienza a llover. Después de almorzar, siempre por aquello de que la única cura para estados como el mío es el traba jo, fui al río a proseguir con el arreglo de la canoa. A pesar de la fatiga de la cintura, me dediqué a fatigarla más calafateando las juntas laterales, bien doblado, pues la canoa está en tierra y sobre la tierra. No me fue mal, por eso. Antes bien, poco a poco comencé a sentirme mejor, moral y físicamente, hasta hallarme de pronto sentado sobre la borda, mirando tranquilamente el extraordinario río, manchado a retazos lóbregos y centelleantes por la amenaza de tormenta. Así es; de repente me encuentro mejor, veo claro sobre la tiniebla en que me he hundido por dos o tres horas. Es mi modo de ser. De los veinticinco a treinta años sufrí bastante del estómago. Caía entonces en estados des- esperantes, de renuncia total a cuanto ha sido, es y será. Ni la promesa de genio, millones o cuanto en momentos normales ansiaba, hubiera alcanzado a hacerme levantar la cabeza en mis caminatas interminables. Bruscamente revivía: era el retorno de mis funciones vitales (hígado, glándulas, qué sé yo) que reemprendían su curso. Tal creo. Soy tremendamente determinista sobre este tópico. Con digestión honrada, desafío no importa qué tifón moral.

Quedé pues en el Paraná hasta el atardecer, me bañé, tomé café con leche y dulce de mamón (carica papaya: papaína) por toda cena, hojeé un poco los diarios y heme aquí escribiendo esta larga requisitoria.

En *La Nación* del domingo he leído un ensayo de Ernesto Palacio que no está mal. Nos viene al pelo a nosotros, los aislados por necesidad.

Su tratamiento versus tuberculosis: ¿E hizo todo eso? Es usted guapo. Es posible que usted haya andado por el mundo más solitario e incomprendido que yo. Si su mujer lo comprende a fondo, dese por bien servido, hermano.

¿Es usted, como yo, víctima del recuerdo? ¡De qué modo permanezco ligado poéticamente a lo que he vivido! Mis predilecciones literarias de mi primera juventud persisten vívidas en mí, tanto que no me atrevería a juzgar libremente un libro de aquellos que han moldeado mi alma en lava candente. Por esto no me atrevo a revisar el proceso de *Las Montañas del Oro* —ni quiero—, como el de cualquier felicidad que nos dio una mujer. No sé si en estas cartas le he recordado dos versos de D'Annunzio que me han parecido siempre extraordinarios —¡y tan míos!

«Lontano come un grande, passato dolore.
Grande come un passato, lontano a more.»

Todo ya está allí.

Domingo 16. — Ayer llevé las dos encomiendas, cada una con su violín. Me dice su fabricante que el más grande, de lapacho, vibraba más antes de ponerle un puente de refuerzo entre las dos tapas. Cuide de abrir sin destrozo los dos esqueletos, para no tomarse el trabajo de construir nuevos, en el momento de su devolución. Claro está que de hallar por ventura que alguno de los dos (lo que no creo) es un buen violín, se quedará usted con él. Tengo curiosidad muy viva de saber algo al respecto.

Desde hace treinta años, por lo menos, no escribo a varón alguno cartas tan largas y confidenciales. Aprecie esto, querido Estrada, en lo que vale partiendo de mí. No ande remiso en escribirme. Cariños a ésa y fuerte abrazo
H. Quiroga

32. Agosto 19 de 1936

Querido Estrada: Recibo ayer la suya del 14. Despaché violines conjuntamente con última carta, dirigidos a su casa. Deben de estar ya en su poder. No olvide que el más chico es de TIMBO y el otro de LAPACHO. Esto en cuanto a las dos tapas, lo esencial. No creo que suenen como Dios manda. Tengo más fe al de lapacho, pese a la madera dura. Me parece más tónico el sonido. Parece una viola.

—Me interesan todos los estudios biológicos. Siendo ciencia, cualquier cosa. Tampoco leo mucha literatura, si no es relatos de interés punzante, tipo Wallace. Leo a éste cuanto pesco de él. Pero en verdad no leo sino cuando ando incapaz de trabajar. Como arte, releo uno que otro gran autor, a veces. Yo estoy en una edad, como decía el otro, en que no se lee; se relee.

Bien por su Dostoievski. Sabe usted que es uno de mis dioses. El hombre que ha visto con más profundidad los subsuelos del alma. Descuello en toda su obra a *El idiota* y *Los poseídos* (Besi). Releí no hace mucho la primera de estas novelas y *Crimen y castigo*, con deseo de confrontar mis impresiones dispares sobre ambos libros. Como en mi primera juventud (creo haber sido el primero, tal vez en Sudamérica, que se empapó en Dostoievski. En «Historia de un amor turbio» se nota fuertemente su influencia (1907).

—Nada me dijo de cedro ni de jacarandá, referente a la quinta de Lomas. Me llama la atención la utilidad de la segunda de aquellas esencias en la guitarra; lo ignoraba.

En cuanto a la influencia de la Luna en el corte de las maderas, compañero, se han hecho estudios muy completos. Tanto como en la influencia de la Luna sobre el tiempo, no se ha llegado a nada concreto, si no es esto: que el cambio de Luna favorece naturalmente un cambio de tiempo, y que la madera cortada en Luna nueva o llena, tiene más savia, por lo cual se pudre (maderas muy blandas) más fácilmente. Muy leve y relativo esto. Sobre el primer fenómeno: en Montpellier (ando duro para la ortografía) se llevan estadísticas desde 1850 y tantos sobre los días de lluvia en tal cual Luna, y nada dan de concreto, salvo lo que anoté. Dícese también que los pescados ídem en Luna llena se pudren a las tres horas, ni una menos.

En cuanto a que la calidad de la fibra puede imperar sobre su dureza, me parece muy bien. Mas es de temer que la cohesión cohiba mucho la vibratilidad. Realmente, creo que el uso del jacarandá (madera de las más duras que hay) en las guitarras tiene por motivo el aspecto decorativo: madera muy oscura, luciente, etc. En mi tiempo las buenas guitarras eran de madera muy clara —abeto o aliso, seguramente.

En una anterior me anotó algo sobre posibilidad de infiltrar azúcar o no sé qué en las maderas musicales. Me parece muy bien, tal vez por aquello de Dostoievski: «2 + 2 son cuatro, está muy bien. Pero 2 + 2 son 5, ¡qué diablo!, no está tampoco mal».

Por esta línea es por donde se llega a las si mas del alma, y de todo. Y para concluir esto, otra vez con el gran ruso. Dijo una vez éste: «Si se me demostrara irrefutablemente que el Cristo está fuera de la Verdad, yo estaría con el Cristo y no con la Verdad».

Evidentemente, usted sabe mucho más que yo de violinismo y Cía. Pero yo puedo sede útil como contrapeso en sus posibles excesos. Para algo tengo una mente un poco material. Y a hablaremos, compañero.

En suma, me agrada infinitamente esta charla técnica. Por algo y para algo no somos literatos pourris, ¡vive Cristo! Estas son las mil cosas de la vida que templan al hombre, si lo es.

España. — Me interesa muchísimo. Por encima de las mezquindades y sangrienta rebusca de privilegios que incuban en todo aquello, hay algo innegable que me arrastra. Y ello es que de un lado está la buena causa, y del otro, la mala. Cuando las papas queman, un liberal es ya un compañero. No quiero nada de militares, mi grande fobia, y tampoco de curas. Luego las muchachas ésas, apasionadas a tal punto. ¿Ve usted bien en el campo de fuego unas cuantas mujeres tendidas muertas a balazos y bayonetazos por hombres? ¡Mujeres, sin mayores fuerzas, agujereadas como hombres en un campo de batalla! Me angustia esto —o me angustió en el momento en que lo vi claro.

Querido Estrada: Mi hija me debe respuesta a alguna consulta sobre hospedaje, y Payró es reciente padre de familia. ¿Con qué elementos cuenta usted para hospedarme? Me refiero naturalmente como cama, pues los pocos días que esté en pie comeré a salto de mata. Infórmeme sobre esto.

Mi mujer jura y perjura que el único día feliz de su estadía en ésa será aquel en que vaya con la nena a esperarme abordo. Lo que no acaecerá.

Cariños a la cuñada y un gran abrazo

H. Q.

33. Sábado, agosto 22 de 1936

Querido Estrada: Tiene razón para quejarse de mi caligrafía. Cuando comienzo, suelo escribir claro; pero a poco que me inspire, la descompongo. Es lo cierto que cuando estoy animado al escribir —carta o literatura— las cosas se me vienen en borbollón, al punto de que más de una vez he perdido una idea porque otra ha asaltado la trinchera. Y ahora, lo más resaltante de su carta última (recibí hoy dos juntas): El final de Brand. También yo me he quedado intrigadísimo con él cada vez que he vuelto a releer Brand. Parecería en efecto que aquél es la negación del héroe. Pero no es posible que Ibsen recuse a su grande e íntimo personaje. ¿Qué, entonces? Queda lo más verosímil y triste: una concesión a la moral pública encarnada en el espectador. Tan, tan tirante se ha ido poniendo la cuerda, que al final Ibsen ha temido un alarido bestial de repudio ante su Brand. Ha aflojado entonces. ¿Qué otra interpretación queda de ese pobre final? Si hay un personaje hecho todo de acero del principio al fin él es Brand. Más: la excusa de su feroz idealismo es precisamente la tremenda tensión a que llega tras las tres pruebas del drama. Si aquel final no es una cobardía escénica, es una cobardía moral de Ibsen. Pero esto no es posible en tal hombre, una y cien veces probado. Quedémonos, entonces, con la única presunción posible: una aflojada al público. Porque aunque Brand es —como reza— solo un poema dramático, Ibsen no ha dejado un momento de ver la escena. Y entre paréntesis, no hay autor, incluso Pirandello, más teatral que el noruego. Admitido esto, piense usted un momento en el efecto que hará en la bestia de la platea, el casi suicidio de un hombre emperrado en su feroz y egoísta locura, que ha sacrificado a su madre, su hijo y su mujer por no dar su brazo a torcer. ¿Qué otra cosa puede pensar el espectador de «Brand», de un sujeto tres veces criminal y que muere sin redención? Si pensamos que entre centenares de miles de individuos del común, solo usted y yo estamos al lado de Brand, comprenderemos bien la impresión del espectador, para quien el actor no interpreta al personaje, sino es el personaje mismo.

También a mí me interesa muchísimo su opinión sobre ese final.

Rectifico algo, sin embargo. La única flojedad psicológica de «Brand» es aquélla en que el pastor se asusta ante la posible muerte de su hijo diagnosticada por el médico, y se dispone a huir al sur con su chico. «Tan duro para

149

los demás y tan blando para consigo mismo» —dice más o menos el médico—. Brand se rehace entonces.

Bien: Ni aún ante esa inminente catástrofe, Brand debía de haber claudicado un instante. Acababa de condenar a su madre, cosa también bien seria. Pero Ibsen no se atrevió a mantener la tensión de su Brand hasta ese punto. ¡Una criatura de un año, sacrificarla! Desde aquí estamos oyendo la gritería de las almas virtuosas presentes al acto.

Cedió pues un poco. Por lo demás, el efecto dramático logrado con esa aflojada del hombre de fuego, a punto para que el médico coloque su frase, es de primera. Pero ese 3.º o 4.º acto —no recuerdo bien— en que el Brand tuerce y retuerce, a fuer de suprema iniquidad de nuestra pobre raza, a la lamentable Inés, no tiene parangón en nada humano.

Sus digresiones: Magníficas. Lo mismo hago yo. Esto prueba la libertad de nuestro espíritu epistolar. Piense en el mínimo parecido que tienen nuestras cartas con las ajenas.

Anteayer recibí carta de mis dos hijos. Eglé reinsiste en que vaya a vivir con ella, lo que haré. Darío me informa de su reciente nombramiento en la Dirección de Tierras. Creo que va a venir aquí. Me alegro mucho de ambas noticias. Yo quisiera que ud. conociera a Eglé. Es hija mía en muchos aspectos, particularmente en la honradez.

De todos modos, desde hace un par de días me hallo casi bien. Calculo que la otra crisis congestiva me hallará ya en ésa. Da gusto ver cómo veo otra vez todo de color de rosa. Hoy estuve muy activo, y concluí —¡por fin!— la canoa. Macheteé también un buen par de horas, contentísimo de poderlo hacer. Para machetear a ras del suelo, es menester quebrar prácticamente la cintura en dos. De aquí que por poco que el riñón se queje, es imposible rozar. Todo este vaivén de síntomas podrían demostrar que también en mí el malestar es funcional, y confío en ello. Porque a lo mejor el diagnóstico a efectuar está conmigo y no con la intervención. O a menos que pase como con aquel médico de Conan Doyle que dictando desde su cátedra un curso sobre ataxia locomotriz, consideró varias manifestaciones, entre ellas la imposibilidad de los atáxicos de estar de pie o caminar con los ojos cerrados. «No pueden, por ejemplo, hacer esto» —dijo cerrando los ojos—. Y se cayó.

Sobre várices, tengo entendido que el ajo es buena cosa. Y sobre próstata, no es muy creíble que usted sufra de ella, de hipertrofia, por lo menos, que comienza, según dicen, después de los 50. Pero el tal sistema urinario-genital es a los varones lo que el genital a las hembras. Y en histéricos como usted y yo, ¡figúrese! Leí algo sabroso sobre la regeneración hitleriana por medio de la esterilización aplicada a los neuróticos, etc. Llegaríamos a ser todos, regenerados así, perfectos *rond de cuir*, como dicen los franceses. «Los histéricos son la flor de la humanidad» —decía Widacowick—. Y nada más cierto. Pero tenemos que pagar en frutos amargos el esplendor de esa flor.

Violines: Volví a ver ayer al fabricante. Ya se ha hecho la tapa de otro, de pino. Lo detuve, a la espera de lo que usted diga sobre los otros. Convinimos en que hay muchas cosas que le faltan para un buen luthier: compás de calibrar, por lo pronto. Le he aconsejado que se haga un violoncelo o contrabajo de madera netamente indígena. Le encantó la cosa. Si usted viene un día por aquí a pasear —¡qué lejano!— nos vamos a divertir en grande acechando y cazando maderas liutáicas. Bello sería.

Muy bello también la transmisión de mi re cuerdo y de los violines por teléfono. ¡De tan poco se puede hacer la felicidad!

Afecto a su mujer, hermanísimo, con gran abrazo

H. Quiroga

Todavía: No tengo decididos ni médico ni hospital, por imposibilidad de elección desde aquí. Pensaba y pienso en Arce, como le dije, y en Hospital de Clínicas, del que aquél es cirujano. Mas no tengo luces concretas sobre esto. ¿Quisiera usted telefonear a donde proceda, informándome luego de la coexistencia de Arce y H. de Clínicas, y si en éste se admiten pensionistas a un precio tal? Por teléfono no ha de ser mayormente molesto.

34. Agosto 26 de 1936

Querido Estrada: Ayer, martes, llegaron tres cartas suyas. Muy bien, amigo: Veo que a mi vez le sirvo de derivativo. Es increíble cómo calma y consuela poder abrir el alma y hablar en voz alta, cuando uno a sí mismo, único confidente comprensivo a veces, tiene que hacerlo sin abrir la boca. Y esto mata. Bien sé también que hay cosas, en tono de pregunta, que no exigen respuesta. Y por esto yo no comento con extensión sino aquéllas que me cogen ya con la respuesta en los labios: tal el caso de Brand, etc. Y ahora Freud. Curioso el caso de este autor. En el pasado, Amorío me dejó en casa uno de sus voluminosos libros. Era en tiempos de la presencia aquí de Fran([e])k (¿así se escribe?). El tal libro me dejó absorto ante la tontería general, que daba valor a Freud y sus seudoteorías. Así se lo dije, un poco rudamente al judío españolizante, una noche que volvíamos de ver un burdel de 100 pensionistas en el camino a La Plata. Fran([c])k precisamente concluía de afirmar el genio de Freud. Yo, bien recatado siempre para herir a quien fuere en sus opiniones, perdí pie y le dije lo de más arriba. Ello me costó la simpatía del interlocutor. En disculpa de mi actitud, debo decir que el mismo Fran([c])k me tenía caliente, de quien insinué a Glusberg que mucho me temía que Dreisser tuviera razón al calificar de charlatán a Frank. Y lo es, perfectamente, Dios me perdone.

Esas acciones y reacciones suyas de un día para otro (viernes negro y sábado blanco) me son harto conocidas, y anote que nuestro carteo suele girar alrededor de esa nuestra veleta fundamentalmente alocada. ¿Y qué diablo haríamos, de no tener este escape confidencial, uno y otro? Le aseguro que cualquier contraste, hoy, me es mucho más llevadero, desde que puedo descargarme de la mitad en usted Este es el caso, que es el del artista de verdad. Verso, prosa: a uno y otra va a desembocar el sobrante de nuestra tolerancia psíquica. Pues vividas o no, las torturas del artista son siempre una. Relato fiel o amigo leal, ambos ejercen de pararrayo a estas cargas de alta frecuencia que nos desordenan. Desorden psíquico: voilá. Suponga usted la estantería de una honrada casa de comercio donde cada cosa ocupa su lugar. Da gusto; todo está a mano. Pero hay otras, riquísimas, donde todo está en desorden. Usted va a buscar un jabón, y halla una cítara.

Escribir en *La Prensa*: Ando madurando dos o tres temas experimentales, como usted dice muy bien. Más que seguro que, urgido por la necesidad, me decida en estos días a ponerle mano. Y a pro pósito: valdría la pena exponer un día esta peculiaridad mía (desorden) de no escribir sino incita do por la economía. Desde los veintinueve o treinta años soy así. Hay quien lo hace por natural descarga, quien por vanidad; yo escribo por motivos inferiores, bien se ve. Pero lo curioso es que escribiera yo por lo que fuere, mi prosa sería siempre la misma. Es cuestión entonces de palanca inicial o conmutador intercalado por allí: misterios vitales de la producción, que nunca se aclararán.

Se va el correo, y me quedan cosas que comentar aún. Prosigo el martes. Esta le llega el sábado 29. Cariños y abrazo
H. Quiroga

35. Jueves 27, agosto de 1936

(Anote que de aquí, San Ignacio, solo sale correo el domingo a las 8, y los martes a igual hora. Correo que le llega a usted el martes de tarde y el sábado id. En verdad, hay otro correo el jueves, pero que no alcanza al tren respectivo.)

Querido Estrada: También a mí me ha tocado mi sábado. Desde hace 4 días ando flamante, brioso y dado de lleno al trabajo de esfuerzo. Ayer hice de las mías. Desde días atrás me había propuesto desmontar yo solo un pedazo de monte para completar el parque (de aquí el macheteo de golpe, de que le hablé). Comencé a una o dos horas diarias, hasta que ayer estuve de 7 a 10 1/2, y volví cansado. Pero el diablo me tienta con el monte. Regresé así a las 12, y si Lenoble no me va a buscar para que viera unas semillas tropicales que le llegaban de Francia, hubiera quedado hasta la noche. Claro, retorné más cansado aún que de mañana, y temí una recaída. Mas no; dormí bien, y esta madrugada estaba otra vez allí, hasta que la lluvia me desalojó. Pero viera usted el gozo de ir abriendo el monte y sentir que la vista y el alma penetran en las tinieblas. Entra bruscamente el Sol, y lo que es hoy detritus de lianas y bromeliáceas podridas, será este verano césped bajo, bien podado por el petiso y el ternero de la sirvienta. Por allí, el césped es motivo de adorno. Aquí, es un asunto vital: destierro de víboras, alimañas; alimento para el ganado, perspectiva para la vista, etc.

Bien. Volví, pues, y en el taller comencé a fabricar platos de portland para las macetas del living, porque sabrá usted que el modo de regar plantas en maceta es colocar éstas sobre altos platos, donde se echa el agua. Por capilaridad, la tierra bebe, siendo así que de otro modo nada se consigue, porque la contracción constante de la tierra deja un espacio entre aquélla y la maceta, por donde se escurre estérilmente el agua. Esto lo aprendí solo (lo del plato). Los fabrico de portland —arena: 2; portland: 1, cal, 0, 2— sobre un molde de tierra prensada en un plato de hierro esmaltado y los torneo en el platillo de un viejo fonógrafo.

¿Ha leído usted *Walden*, o cosa así, de Thoreau? Es interesantísimo. Como usted sabe, Thoreau, compañero de Emerson, dio en considerar que el hombre debe bastarse a sí mismo para lo que se fue a vivir solo a orillas de un lago, haciéndoselo todo él mismo. Cuenta muy bien sus trabajos. En particular su lucha con los ratones y para enderezar clavos, es magnífica.

Me viene ahora a la memoria lo que le dije en mi anterior de Waldo Frank, acordándome del incienso gastado por usted —y por mí— en honor de aquel hombre. Fue más tarde, después de oír pacientemente sus huerísimas conferencias, y de hablar a menudo con él, cuando me di cuenta de la verdad de Dreisser a su respecto. Si usted conserva aún por Frank el respeto inicial, perdón, compañero. La disyunción de ideas es útil y enseña mucho cuando se es como nosotros.

Otro día, y por carta desde Chile, Glusberg me reprochó mi anhelo burgués de poseer mi casa actual, añadiendo que él era de otra pasta. Le dije que no creía pretender mucho deseando una pieza espaciosa, que no se lloviera y desde donde pudiera ver bien abrigado la selva empapada.

Este Glusberg tiene a veces exclamaciones que le quedan muy grandes. Me he acordado porque estoy escribiendo en el living de que se trataba, bajo la lluvia y el río que no se sabe si es río o neblina.

Ahora, sus cartas. Es evidente, como lo dice usted mismo, que usted tiene un penchant marcadísimo a «lo metafísico, abstracto, teórico y analítico». Si yo le dije algún día: «Gracias a Dios que tiene usted trabajos en su oficina, etc., pues de no ser así tal vez usted no hiciera nada»; si lo dije, era ciertamente pensando en su metafisismo torturante.

Creía ya entonces ver lo que usted mismo confirma ahora en la misma última carta: «¿Qué será de mí el día que me jubile, o cuando disponga de todo el día para pensar con calma y ordenar mis ideas? Acaso me echaré a dormir»... ¡Vaya con el hermano menor! ¿Y por qué todo esto? ¿Y los pájaros? ¿Y sus correrías en overol por Goyena? ¿Y su atavismo labriego? ¿Y los violines, cacharros, etc., etc.? Usted tiene un diabólico alcohol en su psiquis que le hace decir lo que no piensa por el solo gusto de torturarse y sentir la tortura. Y esto me hace mal. No juegue con fuego, y con fuegos de artificio, hermanísimo. Usted embadurna sus honrados cacharros con un barniz relampagueante de dialéctica que le envenena la vida. Deje las ideas de lado y ordene sus sentimientos. Aquéllas están bien en cualquier lado. Y cuanto menos espacio ocupen, mejor. Pero los sentimientos —el verdadero sentimiento de lo que debe ser nuestra vida—, esto es capital y él solo debe ocupar la gran vidriera, amigo. A usted le dan los elementos para su sencillo y correcto vivir, y se pone a hacer juegos malabares con ellos. O les busca una ecuación abstracto-metafísica, etc., cuando lo que procede es trabarlos en ángulo recto, como los simples ladrillos.

Dígame, querido Estrada: Cuando usted viajaba en camión, con solemne y triunfal dejadez, o descargaba bolsas, ¿sentía usted que le hacía falta retorcer ideas? ¿De dónde saca pues esa increíble suma de deberes que le imponen —dice usted— trozar o desviar su vida? Presumo que usted ha metido la ética en el bolsillo de la lógica, y de aquí provienen sus males.

Caro y caro amigo: Aquí me ve haciendo de Sancho Panza. Y yo no soy trigo limpio, como bien sabe, en los achaques que le imputo. Pero soy su hermano mayor, y como tal, tal vez he aprendido a distraerme menos en el camino.

Me llega ayer un libro de Luisa Sofovich, ex amor mío, que dicen amiga de de la Serna, allá en España. Esta muchacha tenía condiciones para el relato. Creo que las ha perdido del todo.

También me llega un número de la revista del Touring Club, donde hallo la página adjunta. Dios sea loado: aun entre turistas hay gentes que leen aún libros.

Muy grato para mí el recuerdo de la Yolanda de Sudermann. Tengo un recuerdo dulcísimo de «El deseo». A propósito: ¿Le gustan a usted mucho «Victoria» y «Pan» del noruego? A mí, sobremanera. Están en inmensa cantidad con mi psicología del femenino.

Los violines, ahora. Parece que son poca cosa; lo esperaba. Pero merecen que yo observe también algunas cosas que se refieren a sus 6 anotaciones.

1.ª suya — «Usar solo una clase de madera». No, amigo. El fondo y tapa son en ambos, de una sola madera: lapacho y timbó, respectivamente. Los costados, de timbó también —creo— en el segundo, y de canela guaycá, en el primero. En ambos, el ástil de cualquier madera dura, digamos lapacho.

(A este respecto: creo que los lutarios del pasado usaron del ébano, por ser esta esencia la única —o poco menos— dura de ultramar que se conocía entonces.) Por rutina; se siguió adaptándola para los ástiles, con exclusividad.

Luego se han conocido el guayacán, palo santo, quebracho, urunday, lapacho, y paro de contar, tan duros por lo menos (más duros urunday, guayacán y quebracho) como el ébano.

4.ª «Las aberturas laterales» y 5.ª La «curvatura de la caja», etc. Nada que decir sobre esto.

Como ya le dije, el fabricante no tiene ni si quiera compás de espesor. Ha copiado seguramente de un violín ajeno, cuanto ha podido ver.

Ahora observo yo: (se conoce que soy inventor, pues, como todos nosotros, no puedo ver aplicación de material alguno sin tratar de hallar el por qué de su uso): ¿No pasará con el abeto o pino stradivariescos, lo que anoté sobre el ébano? En la Europa de aquel entonces no se conocía madera mejor para el caso que aquellas esencias. ¿Pero luego, con el aporte de la flora ultramarina? ¿No podríamos creer que la flora no europea, diez veces más rica que ésta, nos depare una esencia superior al abeto: Aquí pues de los lutarios investigadores.

Otra: La especie de costilla que llevan los violines para que no se hunda la tapa, ¿no será re querida por la endeblez del pino o abeto? ¿La exigirá otra madera más ténaz? Como ve, compañero, soy materia dispuesta para escudriñar el misterio de los violines.

No sé si le conté que una vez nos propusimos con Giambiaggi construir un elemental torno de alfarero, pero perfeccionado. Concluimos por hacer uno con embrague.

Juan Escalera me dice que no desea desprenderse del violín de lapacho. Por lo cual, si llega a interesarle en la medida que fuere el de timbó, es suyo, hermano.

Larga cartita, ¿eh? Y hay de todo. Hasta amonestación, querido Estrada. Si a pesar del tiempo diluviano llega hoy correo, y carta suya, concluiré ésta esta noche. Ciao.

Continúo, pues. Ayer, sábado 29, llegó su última, con anotaciones sobre los violines. Trasladaré al fabricante todo lo pertinente. Y veo que por abundancia de material epistolar salteé su carta del 21, con diagrama y todo de mi cuarto de huésped. ¡Querido Estrada! Ya me sacó usted una vez de un aprieto económico. Ahora destartala su casa para reposo de mi maltrecha salud. No por uno y otro motivo, sino por cualquier otro, quisiera yo devolverle sus albricias. ¿Y quién sabe? Estoy empeñado en devolverle el equilibrio *ideal* que se le anda escapando, y de aquí mi sermón precedente. Ruégole desesperadamente que no interprete de otro modo cuanto le he observado a este tenor. Consuéleme con dos líneas, o exprésame su desagrado por mi intromisión, que no se repetirá.

Ya Eglé me había escrito solicitándome. Ayer recibo ésta que le retransmito. Sabrá usted que mi hija se gana bien duramente la vida como empleada en la sección «Suscripciones» de *Crítica*. He pensado esto: Iré a lo de Eglé hasta que caiga en operación. Si salgo bien bien, continuaré con ella. Si necesito un poco de cuidado post operatorio, entonces voy a golpear a su puerta, en demanda de afectos y cuidados de familia. ¿Le parece bien? (Y vuelta a escocerme lo que creí de mi deber de amigo y hermano decirle. Pensé en suprimir esas páginas, pero me parece indigno de una extrema sinceridad como la mía, hacerlo. Por usted y por mí. ¿Comprendido?)
Vasto afecto a la hermana Agustina, y muy fuerte abrazo
H. Quiroga

Hace mucho frío para ir a ésa. Mi mal me da tregua. Siguiendo así, saldré a fines de stbre. Ya hablaremos.

36. Setiembre 2 de 1936

Querido Estrada: Llega ayer su carta más bien breve del 28. Y digo breve en comparación de la mía última, que era abultadísima. Mas ésta será breve también, porque anoche hemos estado aquí con Juan Brun planeando y ensayando nuevas fórmulas de yateís, a ver si este pobre gran hombre se arranca de su mortal miseria. Si los hados lo traen a usted aquí algún día, va a conocer lo que es un gran hombre, visible y palpable, en su ser moral. Resultado, trasnoché y ahora me levanto a las 6, justo y preciso para que la chica tenga tiempo de llevar estas líneas de paso para la escuela. Yo tengo que ir enseguida al parque a disponer trabajo a un peón que acaba de llegar y que contraté por dos días.

Mas tengo tiempo de felicitarlo por su gallarda energía: cátedra, oficina, violín y de inmensa yapa, conferencias frecuentes que, dado su prolija documentación habitual, exigen tiempo y tensión de espíritu. ¿Qué más, pues? Brand: Me alegra que hayamos discordado sobre este riquísimo venero de ideas. Claro que vamos a discutir el punto. Yo sostengo enérgicamente mi tesis, partiendo de estas dos premisas: Traducción exacta de la palabra final; entendimiento nítido de la palabra caridad. Si por toda respuesta a su por qué agónico, Brand no obtiene de Dios más que la esperanza de su caridad, cuando ha sido, dicho y hecho Brand, incluso condenar a su madre al infierno, que ha muerto gritando: «Dios tendrá el corazón menos duro que mi hijo»; si la madre, y la esposa y el hijo, y en última instancia entonces el bedel, el dean, el obispo y toda la chusma que subsigue estaban en la verdad, tenían razón de su proceder, el personaje Brand es una mentira, y una vil farsa del autor que da tal potente vida a un personaje y a una tesis que sabe él mismo son pura farsa. Dixi. Hasta la que le escriba el próximo martes, hermano. Cariños a su mujer y un gran abrazo

H. Quiroga

Continuaré, si Dios quiere, con Brand. Es mi hobby.

37. Sábado 5, Setiembre de 1936

Querido Estrada: También yo extraño cuando pasa un correo sin carta suya. Y hoy estoy mal, mal a darme un palo. En vez de enviarle un pedazo de prospecto, según aviso suyo, le mando dos líneas de extremo cariño. He de mejorar mañana o pasado (mal por dentro, tan solo) y le escribiré cuanto le debo. Fuerte abrazo

H. Quiroga

38. Setiembre 8 de 1936

Querido Estrada: No sabe qué alegría y desahogo me causó su carta —2 cartas— llegada hoy. Estaba fastidiadísimo con mis tonterías psicológicas. ¿A qué perra me metía yo con su metafísica? ¡Como si no tuviera bastante conmigo mismo! Lo que me enervaba en particular es lo siguiente: si yo hablando con usted hubiera dicho tales pavadas, usted hubiera visto en mis ojos que era sincero, y no lo hacía por dañarlo sino por estúpido prurito de analizar (también yo cojeo). Pero a la distancia, vaya a saber uno la reacción que se sufre ante tales patadas. Yo soy un poco inclinado a poner las cosas en blanco. Soy —como decía mi personaje capaz de romper un corazón por ver lo que tiene dentro. A trueque de matarme yo mismo sobre los restos de ese corazón.

En paz, pues, hermano. Y noto que usted me con cede o cede razón con gran frecuencia. Gallardo, usted.

Voy a pasar a la ligera sobre algunas proposiciones atrasadas: Muy bien lo de Frank.

Yo *vivo*, y él no. Pero además es un hombre sin convicción. Yo dije lo contrario en *La Nación* porque no lo conocía. Es un simple bachiller de la Verdad, un retórico, nada más. ¡Qué bien, Dreiser! Le dije a usted alguna vez que yo soy un poco material. Y es precisamente esta carga de mi apresto mental lo que me permite ver claro donde otros ven telarañas. ¿Conoce usted la famosa discusión de Tolstoi con y en contra de Turgueniev, Bielinski y otros? Ya hablaremos de ella (hágame acordar), pues aclarará nuestro difícil concepto de Brand. También nos entenderemos aquí.

Hospital de Clínicas. — Recibo hoy carta de Payró, cuyo suegro, Gerchunoff, habló con Arce a mi respecto. Dice Arce que están a mi disposición, él y sus herramientas, y que no debo preocuparme de nada. Se entiende bien claro por la carta que hasta ahorraré mis menguados pesos. ¡Dios sea loado! Me insta Payró en nombre de Arce a que no pierda el tiempo, pues a lo mejor me pesca una retención aguda de orina que me acarrea la sonda, y con ella la infección. Aquí me dicen lo mismo. Me decido pues a salir de aquí el 19 próximo. Llegaré allí el 22 a mediodía, + −. Me atemorizaba el frío —¡soy tan flojo!—. Pero algo de peligro debe de haber, cuando todos los galenos insisten en su probabilidad. El último correo le mandé solo dos líneas. Andaba muy mal desde días atrás. Hoy me levanté mejor. Siento una porción de cosas anormales, amén del cansancio más o menos cotidiano. Y el aspecto sentimental también me conturba. ¡Vea usted que tener mujer e hija pequeña y no avisarles de mi llegada! Hospedaje: Convenidos. Iré directamente a lo de Eglé. Después, veremos. Aunque es bien posible que me dé el gusto de insinuarme por un día o dos en su interior mismo. Sobre viaje, lo informaré con tiempo.

(No sé de dónde sale este aceite del papel.) Proyectos sobre construcción de cuento y drama:

—Muy bien para el drama; no creo mucho para cuento. Para drama, muy bien; hablaremos de ello. Sobre cuento: en *Pan*, hace 8 o 10 números, salió un cuento de un joven norteamericano, cuyo nombre no recuerdo, titulado: «En el fondo del pasillo» o cosa así. Magnífico, de toda magnificencia. Los idiotas de *Pan* decían que aunque en ese cuento no se notaba la actuación comunista del autor... Ese sujeto, joven evidentemente, y Hemingway, son Infinitamente más que O'Neill, cuyo pedestal yo rebajaría también muchísimo.

Queridísimo amigo: Nada hay más cierto que los misterios como el acaecido con la oficinista esa que lo ajaquecó. Una de las explicaciones que da usted: jaqueca larvada en usted, y establecida ya en ella, me parece justísima. Puede resultar un intercambio de chispeas de metales mal heridos llevados al paroxismo de la irritabilidad nauseosa, de la perspicacia buceadora —y demás. He interrumpido ésta para cumplir con mil una cartas, incluso en primer término una de Julio Payró, interventor directo ante Arce. Payró es un amigo real. De modo que dentro de veinte y tantos días, nos pegamos un abrazo, joven Estrada. Está bien. Hay aún tiempo de cambiar (charlar) unas buenas cartas. Muy fuerte abrazo de

H. Quiroga

39. Sábado, 12 de Setiembre de 1936

Querido Estrada: ¡Eureka! Arreglé mi máquina. Cierto es que me costó 34 pesos. Item: casi con seguridad estaré allí el 20 de éste. No sigo bien; las dificultades urinarias aumentan. Comienzo a temer lo que no se cansan de pronosticarme: cualquier retención aguda, que me fuerce a la sonda. Como creo le dije en mi anterior, parece que el amigo Arce se dispone a cualquier cosa a mi respecto, y tal vez, tal vez a la exención financiera. Que bien vendría. Done, una semana más y esta remos vis a vis de charla. Ganas que tengo. Re cuerdo ahora que el amigo de Goyena aseguróme que vendría con usted en el verano. Dice él que éste es un país para usted Piensa él estar allí en octubre.

Ahora tengo el monumental problema de dejar esto. ¿Y mis plantas? No se figura lo que es para mí la casi certeza de que a pesar de todas las instrucciones que dejaré a la sirvienta —una perla, como sabe—, las hormigas me harán daño tal vez irreparable. Le he dicho a aquélla: «Tené la seguridad, María, de que te degüello si me dejás comer una sola planta». Y ella, convencida:

—«No me va a degollar, señor». Esta mañana comencé las lecciones hormiguicidas, bien que ella me haya visto ya actuar a destajo. Lo cierto es que la dejo a sueldo íntegro, sin otra tarea que las hormigas.

Si no recibe otro comunicado mío tras éste, llego el domingo. Pienso que es buen día para pasar un rato juntos. Iré directamente a lo de Eglé. De allí le telefonearé.

Su carta última, del 7. Me apena lo indecible verlo en esas danzas burocráticas. ¿No llegará usted un día a liberarse de eso, aun con menos haber del actual? No sé cómo soporta el contacto diario de las gentes. En fin, también lo soportaría yo, y digamos que lo he soportado, aunque en menor grado. Dice usted que la dignidad es un cepo. Claro que sí. Huya entonces de la policía, y si tiene un pie cogido todavía, trate de liberar el resto del cuerpo, aun perdiendo el pie. ¡Es que no se puede hacer otra cosa, compañero! Y aquí de mi espíritu material. El me permite ver solo y exclusivamente, por encima, debajo y a los costados de las penas del alma, la tremenda disyuntiva: sufrir eternamente en el cepo de la comisaría urbana, o alzarse de matrero. Hay mucho de masoquismo en ello. Yo lo soy muy mucho en achaques sentimentales; usted, en achaques espirituales. Se goza fúnebremente haciéndose el muerto. Pero hablaremos largamente de todo.

Darío: Le envío el relato del tal. Como usted comprobará, hay pasta en el muchacho, ¡tan principiante! Tiene ya el don de contar; veremos si tiene algo más con el tiempo. Lo puse en guardia contra la advertencia de la dirección, de que su cuento es naturalmente ingenuo, dada la edad del autor. ¡Habrá brutos!

Suspendo hasta esta tarde, hasta después del correo, por si llega algo suyo. No llegó. Mi mujer me dice que hace un frío del diablo en Buenos Aires, ahora. No importa; quiero recuperar mi actividad, y me embarco. Voy por agua.

Queridísimo Estrada: Paciencia por estos días, que ya recuperaremos ánimo juntos. Involucre a la hermana Agustina en el pucka abrazo que les mando H. Quiroga

40. Febrero 9 de 1937

Querido Estrada: Recibí la suya, en la que veo que su ánimo corre parejos [sic] con el mío. Ando con una depresión muy fuerte, motivada por el atraso en mi precaria salud. Fuera de otras cosas, el eczema del escroto y linderos se ha agudizado al punto de que no puedo caminar, por el frote ineludible en tal zona. Ardor y picazón, a mansalva. Cama otra vez, harto de leer, y con el horizonte muy nublado. Asimismo no he querido dejar pasar más días sin mandarle una líneas de felicitación, si es que esa inversión de dinero que ha hecho le satisface. Algo es algo la cuestión económica. Por otro lado, deploro como un paraíso aquellos días en que podía caminar, ¡hace tan poco! Todo es relativo.

Pero casi cinco meses de hospital son mucho, aun con el aguante de que he hecho gala vanos meses.

Hasta otra, más feliz, querido Estrada. Escríbame cuando le haga falta desahogo —como es mi caso—. Cariños a su gente, y un fuerte abrazo

H. Quiroga

Libros a la carta

A la carta es un servicio especializado para

empresas,

librerías,

bibliotecas,

editoriales

y centros de enseñanza;

y permite confeccionar libros que, por su formato y concepción, sirven a los propósitos más específicos de estas instituciones.

Las empresas nos encargan ediciones personalizadas para marketing editorial o para regalos institucionales. Y los interesados solicitan, a título personal, ediciones antiguas, o no disponibles en el mercado; y las acompañan con notas y comentarios críticos.

Las ediciones tienen como apoyo un libro de estilo con todo tipo de referencias sobre los criterios de tratamiento tipográfico aplicados a nuestros libros que puede ser consultado en linkgua-digital.com.

Linkgua edita por encargo diferentes versiones de una misma obra con distintos tratamientos ortotipográficos (actualizaciones de carácter divulgativo de un clásico, o versiones estrictamente fieles a la edición original de referencia). Este servicio de ediciones a la carta le permitirá, si usted se dedica a la enseñanza, tener una forma de hacer pública su interpretación de un texto y, sobre una versión digitalizada «base», usted podrá introducir interpretaciones del texto fuente. Es un tópico que los profesores denuncien en clase los desmanes de una edición, o vayan comentando errores de interpretación de un texto y esta es una solución útil a esa necesidad del mundo académico.

Asimismo publicamos de manera sistemática, en un mismo catálogo, tesis doctorales y actas de congresos académicos, que son distribuidas a través de nuestra Web.

El servicio de «libros a la carta» funciona de dos formas.

1. Tenemos un fondo de libros digitalizados que usted puede personalizar en tiradas de al menos cinco ejemplares. Estas personalizaciones pueden ser de todo tipo: añadir notas de clase para uso de un grupo de estudiantes, introducir logos corporativos para uso con fines de marketing empresarial, etc. etc.

2. Buscamos libros descatalogados de otras editoriales y los reeditamos en tiradas cortas a petición de un cliente.

www.ingramcontent.com/pod-product-compliance
Lightning Source LLC
Chambersburg PA
CBHW050852180626
46814CB00007B/2733